まいにちの
子そだて
べんとう

良原リエ

はじめに

子どもに作るおべんとうは、
親からの大切なプレゼントだと思っています。

口にしたものが体を作ります。だから、
どんな素敵なプレゼントよりも価値のあるものだと思うのです。

と書いてしまうと、
がんばらなくてはと構えてしまうかもしれませんが、
実際に作るようになって、わかったことがあります。

それは、子どもの舌はまだまだ敏感で、
繊細な味の差がよくわかるということ。
だからこそ、素材の味を活かしたシンプルな調理法でよく、
手の込んだレシピは必要ないこと。

そして同じおかずが続いても、
子どもは意外と気にしていないということ。
バリエーションはそんなに必要ないようです。

だから気負わなくても、
日々のごはんのついでに作るくらいの気持ちで、
十分に満足のいくおべんとうになると思います。
そう思うと、ぐっと気がラクになりませんか？

この本は、私が息子に毎日作り続けたおべんとうの中から、
おもに、年中から年長児(4〜6歳)の頃を中心にまとめたものです。

おべんとう包みにアイロンをかける余裕もなく、しわくちゃのまま。
毎朝の慌てぶりをさらけ出すようでお恥ずかしいのですが、
朝が弱い私でも、なんとか続けることができました。

体を作る大切な時期だから、
無理のない範囲で、おいしくて、安心して手渡せるおべんとうを。

忙しく過ごすお母さんやお父さんの、
手助けになれば嬉しいです。

contents

はじめに……P2

我が家の食と
おべんとうのきほん……P6

chapter 1
毎日のおべんとう
P12

chapter 2
我が家の定番おかず
P52

我が家の定番おかず

○ 蒸し煮にする
ブロッコリーとえのきの蒸し煮／
　ごぼうとにんじんのきんぴら……P56

○ 煮る
具だくさん煮物……P57
大根と鶏肉の酢醤油煮／
　白菜とアサリのくたくた煮……P58
ツナじゃが／かぼちゃのサブジ……P59
ささみと長ねぎのオイルマリネ／
　にんじんのグラッセ……P60

○ オーブンで焼く
野菜のオーブン焼き／味噌入り肉団子……P61
魚のオーブン焼き／いろいろ焼き春巻……P62

○ フライパンで焼く・炒める
豆腐ハンバーグ……P63
しらたき炒め／いんげんの豚肉巻き……P64
れんこんのじりじり焼き／
　長いものカレーソテー……P65
炒り豆腐／ニラチヂミ……P66
じゃがいものカリカリ焼き／
　切り干し大根カレー炒め……P67
焼き高野豆腐……P68

○ 揚げ焼きする
がんも／甘辛揚げごぼう……P69

○ 和える
小松菜のおひたし／豆もやしナムル……P70

○ 浸す・漬ける
カリフラワーの煮浸し……P71
オクラの出汁醤油漬け／大根の醤油漬け……P72
にんじんの梅酢漬け／赤かぶのピクルス……P73
キャベツの塩もみ／きゅうりの醤油麹漬け……P74

ごはんのおとも

なめたけ／醤油豆……P75
とうもろこしとじゃこの炒め物／
　かぶの葉のおかか醤油炒め……P76
ゆかり／いりこふりかけ……P77
ごま味噌／オリーブオイル醤油ごはん……P78

○ 私のこだわり食材……P79

我が家の定番おやつ

豆腐バナナマフィン／米粉クッキー……P81
小魚ナッツ／揚げ餅……P82
寒天ゼリー／アイスキャンディー／
　ドライフルーツあんこ……P83

みんなでごはん

ちらしずし……P85
パエリア……P86
サンドイッチ……P87

chapter 3
子そだてのなかで思うこと
P88

01 食べ物への関心を育てる
02 我が家の朝ごはん、夜ごはん
03 子どものリクエスト
04 シュタイナー幼稚園
05 子どもと一緒の買い物
06 食事で体は変わる
07 おいしい母乳のために
08 我が家の離乳食
09 大切なうんちの話
10 体をサポートしてくれる、お守り食材
11 食卓からつなげていきたいこと

おわりに……P101

我が家の食とおべんとうのきほん

私が「食」について考えるようになった大きなきっかけは、
なかなか子どもを授からなかった自分の体質改善です。
そして息子がアレルギー体質であるとわかり、
さらに意識するようになりました。
ここでご紹介するのは、
おもに息子の体調、性質、好き嫌い、成長過程を見ながら、
自然に生まれた我が家の「食」のきほん、
そこから派生した「おべんとう」のきほんです。
とくに料理を習ったわけでもありませんし、
これが正しい、これがすべてとも思っていませんが、
いろいろ調べたり、実際に試したりするなかで、
体調や体質が変わることを実感してきました。
これからも息子の成長や家族の体調を見ながら、
変わっていくと思います。

○ おいしいお米を食べる

日本で生まれ育ったから、
おいしいお米がなによりのごちそうだと思っています。
普段の主食がお米なので、おべんとうもごはんが基本。
我が家では玄米をその都度、
家庭用の小さな精米機で精米しています。
夫も私も玄米が一番好きなのですが、
息子はまだうまく消化できないことがあるので、
五分づきや七分づきに。
五分や七分なら、白米と同じ
短い時間で炊けるので手軽です。
毎日食べるものだから、
大切にお米を育てている
農家さんから直接買っています。

◯ たくさんの種類の野菜を食べる

旬の野菜ほどおいしく、栄養価が高いものはありません。
ついでに価格もお手頃とくれば、手に取らずにはいられません。
その時期においしい野菜と、にんじん、じゃがいも、玉ねぎ
といった定番野菜を加えれば、自然とかなりの種類が揃います。
おかずは野菜を中心に、できる範囲で数種類を用意します。
息子にも野菜を好きになってほしい気持ちからですが、
選択肢が多ければ、もし食わず嫌いのものがあっても、
何かしらを食べることができるからです。
「全部食べられた！」でなくて
「だいたい食べられた！」でいいと思うのです。
子どもの達成感、満足感を高めたいと思っています。
だからおべんとうも、手間はかけずとも
簡単にできる野菜のおかずを、あれこれ多めにと心がけています。

◯ 卵・乳製品を控える

息子が赤ちゃんの頃、アトピーと診断されました。
母乳をやめたくなかったので、
私の食事からアレルゲンを抜くことに。
効果はすぐに現れ、症状は改善し、
その後調子が悪くなったことはありません。
定期的にアレルギー検査をし、数値が落ち着いてきた4歳頃から、
お休みの日に卵や乳製品を少しずつ取り入れていますが、
その場に居合わせることのできない
幼稚園のおべんとうには入れないようにしています。
また幼稚園も、卵、乳製品は使用しないという方針の
シュタイナー幼稚園を選びました。

○ 魚は取り入れやすいものから

子どもが小さな頃は、魚の小骨などが気になるもの。
それなら、手軽にとれるもので代用すればいいのではと思い、
しらす、じゃこ、いりこ、いりこだし（粉末になっているもの）、
かつお節、いわし節、加えて干しエビ、干しアミエビなどを
常備して使うようにしています。
茹でた野菜と和えれば、旨味が加わり、おいしさもアップ。
野菜の水分も吸収してくれるので、
おべんとうのおかずにも必須アイテムです。
これらに加えて、焼くだけで済むサケやししゃも、
干物などを時々食卓に出すようにしています。
おべんとうにお魚のおかずはあまり登場しませんが、
トータルで考えれば、十分な量かなと思っています。

○ 肉は控えめに

子どもの腸は、とくにたんぱく質を分解するのが難しく、
アレルギー反応が出やすいと聞いたことがあり、
小さな頃から消化の具合を、日々観察してきました。
息子の場合は、肉を食べたあとにわかりやすく、
うんちがべちゃべちゃになってしまいます。
ごはんと野菜をしっかり、そして少しのお肉が、
息子にとってはベストバランスだとわかり、
おべんとうもそのバランスで作っています。

○ 乾物を活用する

　　賞味期限をあまり気にしなくていい乾物は、
　　使い勝手ナンバーワンの食材。
　　しかも旨味がたっぷりで、
　　味わい深いおかずになってくれます。
　　豆、高野豆腐、切り干し大根、ひじき、
　　海苔、昆布は切らさず、
　　いつもスタンバイしています。

○ なるべくシンプルな調理

　　できる限り手間をかけず、最低限の調理で
　　おいしく食べることを心がけています。
　　トマト、きゅうり、にんじんなど、
　　そのまま食べられるものはまるかじり、
　　または切って塩や醤油をぱらり。
　　そのままでは食べられないものは、
　　蒸す、茹でる、煮る、焼くなどして、
　　やはり、塩や醤油をぱらり。
　　それだけで十分においしくいただけます。
　　野菜そのものの味や旨味を知ることもできますし、
　　敏感な舌を持つ子どもなら反応がいいものです。
　　調理に手間がかからなければ、結果、時短になり、
　　負担が少ないことも大きな魅力です。

◯ 調味料にこだわる

毎食とるものであり、また味の決め手になるので、
調味料は安心でおいしいものを用意しています。
これがないと生きていけないと思うほど、
自分が惚れ込んだ調味料ばかりです。
昔ながらの製法で、自然に作られたものは、
比べるとやはりとてもおいしいです。
(→詳しくはP79)

◯ 砂糖を使わない

砂糖は魅力的です。甘味をとるとなんだかほっとして、
嬉しい気持ちになるからです。
でも、とればとるほど、もっともっとほしくなる、
そんな中毒性もあると思います。
なので、基本的に砂糖は使いません。
料理やおやつなどに甘味をつけたいときは、
甘酒、みりん、メープルシロップ、
アガヴェシロップ、はちみつなどを利用しています。

◯ 添加物、人工甘味料などをとらない

息子が大きくなったら、親に内緒で勝手に
ジャンキーなスナック菓子やファストフードを
食べるようになるでしょう。
実際私もそうでしたし、みんなが通る道だと思います。
でも、小さな今は、体の基礎を作る大切な時期、
そして親の目が届く時期でもあります。
今のうちはなるべく、余計なものをとらず、
体に負担をかけないようにしてあげたいと思います。

◯ なるべく家族揃って、楽しくいただく

最後になってしまいましたが、一番大切にしていることです。
夫の仕事柄、夕ごはんを家族揃って食べることが少ないので、
代わりに朝ごはんを家族揃って食べるようにしています。
いろんな話をしながら、楽しく食べれば、
おかずが少なくても、ちょっと味付けに失敗してしまっても、
なんでもおいしく感じるものです。
おべんとうがおいしいのは、
きっとお友達と一緒に食べる時間が楽しいから。
そんなひとときがさらに楽しくなるようなおべんとうを、
作ってあげたいと思っています。

おいしいお米と野菜をたっぷり、
そして動物性たんぱく質を少々が
息子のおべんとうのベストバランス。
おかずは週末か隙間時間に作り、
朝はほとんど詰めるだけ。
素材そのままで使えるものも利用して、
彩りもバランスもよくなるように。

毎日の
おべんとう

chapter 1

4月4日

いんげんの豚肉巻き　→P64
野菜のオーブン焼き(じゃがいも、玉ねぎ、えのき、しめじ)　→P61
高野豆腐の煮物
茹でスナップえんどうとブロッコリー
紅芯大根のピクルス
生にんじん
サケおにぎり(五分づき)
いちご

息子が通うシュタイナー幼稚園のおやつは、卵、乳製品、砂糖不使用で手作りの優しい味。おべんとうもそれに見合うものを作りたいと思う。体の成長を見ながらお肉やお魚もとるようになったけれど、割合はほんの一握り。いんげんの豚肉巻きなら、うすーい肉1枚のみ。まずは穀物、野菜、豆製品をしっかりとってほしい。とはいえ、「おいしかった！ピッカピカだよ！」と空っぽのおべんとう箱を持ち帰ってくれることが何よりも大切。こちらのモチベーションもぐーんと上がりますから。

肉野菜炒め(豚肉、小松菜、にんじん、玉ねぎ、しめじ)
餃子(豚ひき肉、豆腐、玉ねぎ、えのき)
野菜のオーブン焼き
(じゃがいも、玉ねぎ、えのき、しめじ)
茹でグリーンピースとブロッコリー
生にんじん
たくあん
ごはん(五分づき)
りんご

4月5日

短い春休みは、広島への旅でおしまい。早速、昨日から幼稚園＆おべんとう生活がスタート。息子の通う園は、延長保育が充実していて本当にありがたい。しかも尊敬できる先生方による保育は、素晴らしい限り。息子も幼稚園が大好き。安心してお願いできる環境に感謝して、今年もたくさん働こう。餃子は息子が包んだ夕飯の残り物。今日は餃子だよと言えば、やったー！と大喜びでお手伝いをしにくる。並んで一緒に包むのも、いろんな包み方を考えるのも、とても楽しい時間。

肉じゃが(豚肉、じゃがいも、にんじん、
玉ねぎ、しめじ、こんにゃく)
肉団子(豚ひき肉、豆腐、玉ねぎ、えのき)
茹で菜の花とブロッコリー
生にんじん
紅芯大根のピクルス
大根の醤油漬け　→P72
なめたけのせごはん(五分づき)　→P75
いちご

4月10日

3〜4歳頃、空前のこんにゃくブームがあった。たいしたおかずがなくてもこんにゃくさえあればご機嫌。泣いても、こんにゃくさえ出せば泣き止む。スーパーではお菓子などには目もくれず、こんにゃくを目指す。レジでは、レジ打ちの方に、買い物カゴの中からこんにゃくだけ入れてと自分の鞄を差し出す。などエピソードは数知れず。あの頃の息子の体はこんにゃくが作ったと言ってもいい。初めておべんとうを持たせたときも、メインのおかずは迷わずこんにゃくにしたなあ。

4月11日

肉じゃが(豚肉、じゃがいも、にんじん、玉ねぎ、しめじ、こんにゃく)
肉団子(豚ひき肉、豆腐、玉ねぎ、えのき)
切り干し大根炒め(パプリカ、えのき) →P67
高野豆腐の煮物
茹でブロッコリー
生にんじん
なめたけのせごはん(五分づき)
メロン・ぶどう

仕事が立てこみ中。毎日、同じおかずが続いていることをちょっと後ろめたく思い、息子にそれとなく聞いてみたところ、「おべんとうおいしいよ！好きなおかずだから、明日も同じでいい」とのこと。子どもは繰り返しが好きだから大丈夫と思い直し、臆せずにまた同じおかずで。

4月13日

鶏肉とブロッコリーの豆ち炒め
野菜のオーブン焼き
(じゃがいも、かぼちゃ、玉ねぎ、えのき)
焼きいも
生にんじん
枝豆
ごま味噌(八丁味噌、黒ごま、はちみつ) →P78
ごま塩のせごはん(七分づき)
青りんご(グラニースミス)

息子は私に似たのか見栄っぱりなところがあり、友達の前では格好つけたいのか、おべんとうに入れたものは、ほぼ何でも食べて帰ってくる。そんな性格を利用して、今年は食べてほしいもの、苦手なものをどんどん入れてみよう。手始めに、八丁味噌で作ったごま味噌を。熟成期間が長い八丁味噌は、一番食べてほしい味噌。渋いのでたっぷりのごまとはちみつと合わせ、ごはんのおともとして片隅にそっと忍ばせて。

煮物(鶏肉、がんも、じゃがいも、玉ねぎ、にんじん、いんげん、しめじ) →P57
パプリカとピーマン、油揚げのおかか醤油炒め
きゅうりスライス
大根のピクルス
塩おにぎり(五分づき)
夏みかん・りんご

パプリカとピーマンが苦手な息子。大好きな醤油とおかかで炒めたら、少しは食べやすくなるかなと期待したものの、ほんの少し残してあった。完食できなかった日は、それが少しであっても、とても申し訳なさそうにおべんとう箱を渡してくる。「おかあさん、ちょっと内緒話」と私を近くに呼び、「全部食べられなかった」と小声で耳打ち。残したからといって、怒ったことなど一度もないのに。トライしたことをたっぷりたっぷりほめよう。

4月18日

豚肉とキャベツのくたくた煮 →P58
天ぷら(じゃがいも、にんじん、しそ)
アピオスの素揚げ
茹でスナップえんどう
きゅうりのぬか漬け
生にんじん　ミニトマト
ごま味噌
わかめふりかけのせごはん(白米)
キウイ

初めての食材、アピオスは、素揚げにしてみたものの、ちょっと土臭さが残ってしまったような気が。息子からも泥の臭いがした！とクレーム。どんなレシピならおいしく食べられるのだろう？

4月20日

4月24日

いんげんの豚肉巻き
カリフラワーと油揚げの煮浸し　→P71
野菜のオーブン焼き
（里いも、じゃがいも、玉ねぎ、えのき）
アピオスの素揚げ
モロッコいんげんの醤油和え
たくあん
ミニトマト
オリーブオイル醤油海苔巻き（五分づき）
　→P78
キウイ

まだ箸が上手に使えなかった頃は、つまみやすい海苔巻きをよく作っていたけれど、毎朝の具の用意が面倒で、手軽なオリーブオイル＋醤油で作るように。簡単なのにコクがあって満足感もある味は、家族みんなのお気に入りとなり、我が家の定番レシピとなった。久しぶりに作って入れたら、「今日のおべんとう、おいしすぎたー！」の言葉とともに、空っぽのおべんとう箱が返ってきた。これで育ったと言っても過言ではないからね。舌に体に、味がしみ付いているのかも。

いんげんの豚肉巻き
にんじんの天ぷら
野菜のオーブン焼き
(里いも、じゃがいも、玉ねぎ、えのき)
アピオスの素揚げ
茹でスナップえんどう
きゅうりのぬか漬け
たくあん
ミニトマト
塩おにぎり(白米)
キウイ

息子いわく、他のどんなおやつより「白米の塩おにぎりが一番おいしい!」とのこと。具もない方がいいのだそう。なのでおべんとうにはもちろん、帰り道のおやつにも塩おにぎりを持参。お米さえ炊いておけば、一日ご機嫌なのでとても助かる。土臭いアピオスは、その匂いにもすっかり慣れたようで、泥の味〜と言いながら、食べてくれるように。こちらも助かるよ。

里いもとカリフラワーの煮物(がんも、玉ねぎ、えのき)
野菜のオーブン焼き
(じゃがいも、玉ねぎ、にんじん、芽キャベツ、えのき)
ニラチヂミ　→P66
茹でスナップえんどう
きゅうりのぬか漬け
たくあん
ミニトマト
醤油海苔弁(五分づき)
いちご

野菜のオーブン焼きは、一口大に切った野菜(葉物以外ならなんでも)を、たっぷりのえのきのみじん切り、塩、オリーブオイルで和え、バットに並べて焼いたもの。えのきの出汁が全体に絡まり、野菜の甘みも引き出されてとてもおいしい。週のはじめによく作る。大量にできるので、おべんとうや普段のおかずに重宝。

5月9日

里いもとカリフラワーの煮物（がんも、玉ねぎ、えのき）
しらたき炒め（にんじん、油揚げ、豚肉、えのき）
　→P64
茹でスナップえんどうとブロッコリー
きゅうりのぬか漬け
たくあん
生にんじん
ミニトマト
ひよこ豆のせごはん（白米）
いちご

ひよこ豆は息子が好んで食べてくれる豆のひとつ。ひよこのおしりに似た形もかわいいし、ホクホクでおいしい。圧力鍋や炊飯器で炊いて、たいていは味付けなしでそのまま食べる。ごはんに乗っけたり、塩むすびのまわりに付けてほしいとのリクエストも。おべんとうには向かないけれど、角切りの玉ねぎやきゅうり、にんじん、大根などと、オリーブオイル、酢、塩でマリネサラダにするのも我が家の定番。

5月30日

じゃがいもとソーセージの炒め物
（いんげん、玉ねぎ、しめじ）
にんじんのグラッセ　→P60
茹でとうもろこしとブロッコリー、そら豆
たくあん
ミニトマト
塩おにぎり（七分づき）

少し早いけれど、とうもろこしを見かけるように。嬉しくてたまらないのだそうで、皮むきもヒゲ取りも率先してやってくれる。さらに、我が家では高級食材（ということにしている）のソーセージも珍しく入れたので、息子は狂喜乱舞。たまーに入れるとありがたみがあるよね。だからたまーにね。

天ぷら
（じゃがいも、にんじん、そら豆、ごぼう、ピーマン）
にんじんのグラッセ
きゅうりと大根の醤油麹漬け　→P74
茹でとうもろこしとブロッコリー
ミニトマト
ごま味噌
わかめふりかけのせごはん(七分づき)

おべんとうに入れる作り置きおかずがないと気づいて、昨日の夕飯は天ぷらに。使いそびれて冷蔵庫で枯れそうになっている野菜の整理も兼ねて。ついでに苦手なピーマンも揚げて、こっそり入れておきましたよ。醤油麹は、醤油と麹を混ぜておくだけで、今の時期なら簡単に発酵。旨味がたっぷりで、麹の甘みでみりん要らずになるのもいい。味付け、下ごしらえ、野菜にかけたり、漬けたりと日々活躍。

6月5日

手羽中とごぼうの甘辛焼き
ロマネスコとカリフラワー、ブロッコリーの煮浸し
粉ふきいもの醤油麹和え
キャベツのアジアンピクルス
茹でさやえんどう
大根のピクルス　→P73
ミニトマト
塩おにぎり(白米)
アメリカンチェリー

鶏手羽は、手がベトベトになり、洗っても臭いから嫌だったとのこと。キャベツのアジアンピクルスは夫の好物で、お酢、はちみつ、ナンプラーで漬けたもの。よく絞って入れたものの、しょっぱくてこちらも嫌だったとのこと。完食はしてくれたけれど、少しチャレンジしすぎたなと反省。

6月6日

6月8日

キャベツと豚肉のくたくた煮（豆もやし、えのき）
ロマネスコとカリフラワー、ブロッコリーの煮浸し
粉ふきいもの醤油麹和え
茹でさやえんどう
大根のピクルス
生にんじん　ミニトマト
ごま味噌
わかめふりかけのせごはん（七分づき）
アメリカンチェリー

ブロッコリーは大好きだけど、カリフラワーは苦手という息子。一番好きな食べ物を聞いたら「うどんのスープ」と即答したので、だったら出汁で煮ればいいのではと煮浸しに。作ってみたらストライクだったようで、本当に苦手なの？という食べっぷり。油揚げを加えれば、さらにおいしい。大根はラディッシュとアーリーレッドともにピクルスにしたら、きれいなピンク色に。

6月13日

そぼろ肉じゃが（豚ひき肉、玉ねぎ、油揚げ、しめじ）
ブロッコリーとえのきの蒸し煮　→P56
長いものカレーソテー　→P65
ししとうのおかか炒め　さつま揚げ
茹でとうもろこし
たくあん　ミニトマト
塩おにぎり（五分づき）
アメリカンチェリー

ブロッコリーとえのきの蒸し煮は、まだ息子がお肉を食べていない頃に頻繁に作っていた。えのきの出汁がブロッコリーの蕾にしみて、じゅわっとおいしい。そういえば、1歳のクリスマスには、ごはんで土台を作り、クリームの代わりにマッシュポテトをぬり、ブロッコリーとにんじんで飾りつけして、ケーキに見立てたものを作った。見るやいなや、ブロッコリーをわしづかみにして食べていた。あれからずっとブロッコリーにはお世話になっている。

6月15日

焼き高野豆腐　→P68
白菜と豚肉のくたくた煮
（もやし、えのき）
野菜のオーブン焼き
（じゃがいも、玉ねぎ、にんじん、
パプリカ、えのき）
たくあん
ミニトマト
赤しそと枝豆、ひじき、
油揚げの混ぜごはん（五分づき）

とある試作で、朝から混ぜごはん。赤しそは2年前に漬けた梅干しの中から。私が苦手なので、混ぜごはんは我が家では珍しい。息子は「おいしかった！また食べたい！」とのこと。赤しそなら腐敗防止になるし、私の好みはさておき、おべんとうにはぴったりかも。

6月29日

とうもろこし入り大豆ミートハンバーグ
（豚ひき肉、玉ねぎ）
大根とエリンギの焼き春巻　→P62
じゃがいもとかぼちゃのオーブン焼き
茹でとうもろこしとブロッコリー、そら豆
きゅうりと大根、にんじんの塩もみ　→P74
アメリカンチェリー・さくらんぼ
枝豆ごはん（二分づき）

大豆ミートハンバーグは、肉を食べ始めた3歳前頃からよく作る、息子お気に入りのメニュー。初期は、大豆ミートが主役で、ひき肉はつなぎ程度の量しか入れないレシピで作っていた。肉をまったく使わないレシピにもトライしたものの、肉の味がしないのでついつい濃い味付けにしてしまいがち。少量でも肉を入れたほうが格段においしく、薄味に。その後、消化の様子を見つつ、徐々に量を増やし、今は大豆ミートとひき肉、半々ぐらいの割合で。

7月5日

ししゃも
肉団子（大豆ミート、豚ひき肉、玉ねぎ）　→P61
大根とエリンギの焼き春巻
じゃがいものオーブン焼き
茹でブロッコリーとそら豆、枝豆
きゅうりの塩もみ
にんじんの梅酢漬け　→P73
ミニトマト
ごはん（二分づき）
ぶどう・さくらんぼ

大豆ミートハンバーグと肉団子は、楕円形か丸形かの違いだけ。大量のタネから、形違いを同時に仕込む。それでも息子はハンバーグだ！肉団子だ！とそれぞれに大喜び。ちょっと後ろめたいような、でもなんだか得した気分。にんじんの梅酢漬けは、見た目よりずっとすっぱいので、腐敗防止に。「すーっごいすっぱいから、ちょーっとずつちょーっとずつ食べたよ」とのこと。

サバのムニエル（しょうが醤油漬け）
甘辛揚げごぼう　→P69
焼きがんも
焼きいも（黄金千貫(こがねせんがん)）
茹でとうもろこしとブロッコリー、枝豆
ズッキーニと赤かぶ、きゅうり、にんじんの塩もみ
ひよこ豆煮
ミニトマト
ごはん（二分づき）
さくらんぼ

息子から聞く、お友達のおべんとう情報がおもしろい。自分よりも小さいお友達のおべんとうに、自分よりもたくさんぶどうが入ってたとか、誰かがおべんとう箱を2つも持ってきたとか。ある日は、頭の上に両手を持ち上げて、「〇君のはこーんなにおっきいおにぎりだったんだよ！」とか。それはないだろうと思いつつ、空っぽのおべんとう箱を受け取りながら、うんうんそれはすごいねと相槌を打つのが楽しいのだ。

サワラの塩焼き　→P62
焼きがんも
オクラのおかか醤油和え
焼きいも（黄金千貫）
茹でとうもろこしとブロッコリー、そら豆、
グリーンピース
ズッキーニときゅうり、かぶの塩もみ
ミニトマト
ごはん（二分づき）
さくらんぼ

オクラのおかか醤油和えは、息子作。オクラを見かけると、作ってあげよっか？とノリノリで提案してくる。オクラを切り、調味料とともにボウルに入れて手で混ぜ、味見をして味を決め、盛り付けまで一人でこなす。幼稚園で早くから包丁を持っているおかげで、安心して見ていられるし、何より本人がとっても楽しそう。友達にさぞかし自慢していることだろう。

7月10日

じゃがいもとグリーンピースのそぼろ炒め
(豚ひき肉、しめじ)
オクラとスナップえんどうの醤油麹漬け
茹でブロッコリーとえのきの蒸し煮
大根のぬか漬け
生にんじん
ミニトマト
じゃこと自家製梅干しのせごはん(七分づき)
さくらんぼ

意図せずして、緑いっぱいのおべんとうに。蒸し暑い時には、このくらいの軽やかさがちょうどいいかも。そしていよいよ梅干しのシーズン到来。ムシムシと暑い季節には、体が梅干しのパワーを自然と欲する気がする。息子も梅干しごはんがすっぱくておいしかった！とのこと。梅干し作りはかれこれ10年以上。最近は、干さずに漬けっぱなしにするので、とても簡単。3年目ぐらいからやわらかくおいしくなる。今も3年前の梅干しを食べている。

7月11日

味噌入り肉団子(大豆ミート、豚ひき肉、玉ねぎ)
オクラとかぼちゃの焼き浸し
いんげん豆のトマト煮込み
野菜のオーブン焼き(じゃがいも、玉ねぎ、にんじん、ズッキーニ、えのき)
きゅうりの醤油漬け
赤かぶのピクルス
ミニトマト
梅干しおにぎり(五分づき)

おにぎりは、手にちょっと多いかなと思う量の塩をつけて握る。夏場は海苔を巻いてからももう一度、手に塩をつけて握る。塩辛そうだが、食べる頃にはいい塩梅になっている。息子のおべんとうに入れる時には、ついでに自分用のおにぎりを握っておき、お昼か15時のおやつにでも食べてチェックしてみる。今のところ問題なく、ちゃんとおいしい。

7月14日

味噌入り肉団子
(大豆ミート、豚ひき肉、玉ねぎ)
大根とエリンギの焼き春巻
焼きいも(黄金千貫)
茹でとうもろこしとブロッコリー、そら豆、枝豆
生にんじん
ミニトマト
いりこふりかけ海苔弁(二分づき)　→P77
すもも(ガラリ)

ガラリは奄美大島の在来種の小ぶりなすもも。一口で食べるのにちょうど良いサイズ。無農薬のものが手に入りやすいのも嬉しい。たいていはかなりすっぱい状態で手に入るので、追熟する。色の黒ずみ具合で甘さの程度がわかりやすく、好みの具合で食べられるのもいいところ。

味噌入り肉団子
(大豆ミート、豚肉、玉ねぎ)
じゃがいもとカリフラワーのサブジ
オクラの出汁醤油漬け　→P72
茹でとうもろこし
生にんじん
きゅうりの塩もみ
ミニトマト
梅干し
オリーブオイル醤油ごはん(七分づき)
すいか

おべんとう箱の中と蓋を酢で拭き、青しそを敷く。ごはんは梅干しを入れて炊き、詰めたら真ん中にまた梅干し。おかずの味は濃いめに。よく冷ましてから詰め、最後にさらに青しそで蓋。蓋を閉めたら、保冷剤をたっぷりと乗せて。おべんとうに入れる予定のミニトマトや枝豆、とうもろこしは、洗ったり茹でたりしたあとに、保存容器の蓋を取って冷蔵庫へ入れておく(冷蔵庫の中で乾いて、水分が飛ぶ)。これなら腐るまい。

野菜のオーブン焼き
(鶏肉、じゃがいも、にんじん、玉ねぎ、ごぼう、しめじ)
モロッコいんげんの醤油海苔和え
オクラの出汁醤油漬け
れんこんのじりじり焼き　→P65
キャベツのくたくた煮
蒸しかぼちゃ
茹でブロッコリー
きゅうりとにんじん、大根のぬか漬け
ミニトマト
梅干し
ごはん(五分づき・梅干しを入れて炊いた)
ぶどう

お米は家庭用の小さな精米機で精米している。息子にも食べやすいよう、五分づきや七分づきに。精米時間は数分でたいして手間もかからない。そして日々、手に入る新鮮なぬかを使って、夏はぬか漬けを作るのです。

7月20日

大根と鶏肉の酢醤油煮(にんじん、玉ねぎ、しめじ)
　→P58
かぶの塩もみ
ミディトマト
とうもろこしとじゃこのおかか醤油炒飯(五分づき)
　→P76
ぶどう

少しでも腐らぬようにと酢醤油煮に。大人向きには醤油と酢を同量のところ、子ども味になるように酢を減らして。酷暑におべんとう持参で心配もあったけれど、腐らず、体調も悪くならず、何事もなくて本当に良かった。

7月25日

8月1日

==息子・旦那・自分べんとう==

煮物
（鶏肉、大根、じゃがいも、高野豆腐、がんも、しめじ）
ニラチヂミ　オクラの出汁醤油漬け
エリンギとベーコン、長ねぎの焼き春巻
なすとししとうのカレーオイルマリネ
切り干し大根炒め（にんじん、ツナ、えのき）
しらたき炒め（空芯菜、油揚げ、えのき）
水なすときゅうり、にんじん、大根のぬか漬け
きゅうりとにんじん、かぶの梅酢漬け
ミニトマト
ごはん（五分づき）
＊夫に隠しソーセージ、息子にぶどう

ミュージカル初日。夫も私もしばらく休みがないので、必然的に息子も休みなし。誰も風邪ひかない、怪我しない、心は穏やかに、を目標に、朝一でみんなのべんとうを仕込む。それぞれの好きなものを盛り込んで。それぞれが楽しく過ごせるように。

8月3日

==息子・旦那・自分べんとう==

鶏の唐揚げ
蒸しかぼちゃとじゃがいも
高野豆腐の煮物　オクラの出汁醤油漬け
エリンギとベーコン、長ねぎの焼き春巻
フライドポテト
なすとししとうのカレーオイルマリネ
きゅうり、にんじんと大根のぬか漬け
かぶの梅酢漬け　ミニトマト　梅干し
ごはん（五分づき）
＊夫に隠しソーセージ、夫と私に卵の八角酢醤油漬け、
　息子にぶどう

夏は自然に彩りが鮮やかになるから、おべんとうを詰めるのが楽しい。腐敗防止にあの手この手を考えるのも結構楽しい。冷蔵庫で水分を飛ばすのは、母が洗ったレタスを冷蔵庫に入れて乾かし、パリッとさせてサラダを作っていたところから、ヒントをもらって。

8月5日

息子・旦那・自分べんとう
煮物(鶏肉、大根、じゃがいも、高野豆腐、がんも、しめじ)　オクラの煮浸し
なすとししとうのカレーオイルマリネ
水なすとにんじん、大根、
きゅうりのぬか漬け
きゅうりとにんじん、赤かぶの梅酢漬け
茹でブロッコリー　卵の八角酢醤油漬
枝豆　ミニトマト
とうもろこし入りごはん(五分づき)
＊夫にとんかつ(買ったもの)と
　隠しソーセージ、夫と私に卵の
　八角酢醤油漬け、息子にぶどう

時々作る夫のおべんとうには、好物のソーセージを隠すことにしている。びっくりするようなところから出てきたら、仕事の合間の楽しい息抜きになるかなと期待して。ミディトマトの中身をくりぬいてねじ込んだり、枝豆の豆を抜いて枝豆大に切ったソーセージを仕込んだり、やりはじめると楽しくて仕方ない。キャラ弁を作る方々の心境がよくわかる。明日はどこに隠そうかとそれだけで頭がいっぱい。

8月8日

息子・旦那・自分べんとう

天ぷらのめんつゆ煮
(じゃがいも、かぼちゃ、ししとう、にんじん)
エリンギとベーコン、長ねぎの焼き春巻
なすとししとうのカレーオイルマリネ
こんにゃくと瓜の炒め物　れんこんのじりじり焼き
オクラの出汁醤油漬け　茹でブロッコリー
きゅうりとにんじんのぬか漬け
ミニトマト　梅干し・梅しそ
とうもろこし入りごはん(五分づき)

それぞれに好きなおかずを入れて。めんつゆは、いつもお味噌汁用に使っている出汁パックで出汁を取ったあとに、醤油を入れただけのお手軽バージョン。簡単なのにとてもおいしい。夕飯が天ぷらだった次の日には、火を通しながらさっとめんつゆで和えた天ぷらを、母がよくおべんとうに入れてくれた。ごはんに味がしみて、とても好きだった。同じことをするようになったんだなあと、朝から胸がいっぱいになる。

8月9日

息子・旦那べんとう

アジの蒲焼き
こんにゃくと瓜の炒めもの
れんこんのじりじり焼き
モロッコいんげんの醤油海苔和え
オクラの出汁醤油漬け
茹でとうもろこしとブロッコリー
きゅうりとにんじん、大根のぬか漬け
ミニトマト
梅干し・梅しそ　ごま味噌
海苔弁(五分づき)
＊夫にうずらの卵の八角酢醤油漬けと隠しソーセージ

どうだ！おいしいだろ！の気持ちで入れたアジの蒲焼きは、脂っこくておいしくなかったよ〜で、まるごとじゃ嫌だったかな？と思いつつ入れていたオクラは、おいしくってほっぺた落ちちゃうよ〜と息子。冷めてドロッとした脂はまずい、味のしみたおかずはおいしい、ということか。なるほど。

8月20日

鶏の唐揚げ
じゃがいもの煮っころがし
エリンギとベーコン、長ねぎの焼き春巻
オクラの出汁醤油漬け
茹でブロッコリー
きゅうりとにんじんのぬか漬け
ミニトマト
梅干し
ごはん(五分づき)
梨

息子の通う幼稚園で、ガッツリ働いているのは私ともう一人のお母さんぐらい。幼稚園は保育園と違ってお迎え時間も早いし、休みも多い。加えてお母さんがやるべき幼稚園の仕事もたくさんあり、働きながらでは本当に大変なのだけど、それでも通わせたいと思う魅力が息子の通う幼稚園にはある。もう一人のお母さんも私も、この長い夏休み中、子どもたちの預け先に頭を悩ませることをよくよくわかって入園したつもり。当然、夏休みに入る大分前から一時預かりの予約、子どもサポートやシッターさんの手配、夫のスケジュールの確認(休みはほとんどないが)、遠くに住む妹家族の帰省スケジュールのリサーチも含め、諸々準備して挑むのだが、それでも見つからない日は見つからない。先日は17時に終わる一時預かりの息子の迎えが、直前まで見つからなかった。まだお盆だからか。泣きつく思いで、もう一人のお母さんにメール。すると、「大丈夫！迎えに行ってあげるよ！ついでに夕飯とお風呂もやっておくよ！」という泣ける返信が。自身もほぼ一人で双子の面倒を見ながらフルタイムで働いてるのに(彼女もお盆休みはなし)。こうして書きながらも涙が出てくる。たくさんの人の助けを借りて、なんとか仕事ができている。いい仕事、いい演奏をして返していかなきゃならない。

8月25日

薬味なし餃子(鶏ひき肉、キャベツ、えのき)
モロッコいんげんの醤油海苔和え
れんこんのじりじり焼き
焼きいも
きゅうりとにんじん、大根のぬか漬け
ミニトマト
梅干し・梅しそ
ごはん(五分づき・梅干しを入れて炊いた)
デラウェア
ブルーベリー

夏休みの間にぐんと背が伸びて、大きくなった息子。父さんも母さんも働きづめで、家族の時間はちっともなかったけれど、他の大人との時間の中から、私たちがすべてじゃないこと、私たちがいつも正しい訳でもないことを知るいい機会になったと願う。小さな頭と心で、それを感じてくれていたらいいなと思う。

9月5日

肉じゃがの焼き春巻
生にんじん
枝豆
ミニトマト
サケおにぎり(七分づき)
ぶどう

幼稚園のお母さん友達が、今にも倒れそうなほどグッタリとした顔で迎えに来ていたので、双子のべんとう箱を預かり、次の日のおべんとうを任せてもらうことに。小さな丸のおにぎりは息子作。お友達の分も作るとあって、作るのも詰めるのも張り切って手伝ってくれた。お友達の食べ物の好みがわからないから、なるべくわかりやすいおかずを詰めて。
世の中のお父さんたち！お母さんたちをもっとフォローしなきゃいけませんよ。がんばるお母さんたちはとことんがんばっちゃいますから、気づかぬうちに限界まで行って、突然電池が切れて倒れたりします。その時、慌ててフォローしても遅いですから。

肉じゃがの焼き春巻
焼きいも
生にんじん
枝豆
ミニトマト
オリーブオイル醤油海苔巻き（五分づき）

先日、友達の分まで作った時に、一緒にお べんとうを詰めたことが楽しかったようで、またやりたいとリクエスト。まだまだ暑いから、通気性の良いカゴ詰めべんとうのほうが安心だし、何より楽しくお手伝いしてくれたのがとても嬉しい。

薬味なし餃子（鶏ひき肉、キャベツ、えのき）
蒸しかぼちゃ
オクラの出汁醤油漬け
きゅうりと大根の醤油漬け
コリンキーのピクルス
茹でブロッコリーと枝豆、そら豆
焼きいも　ミニトマト　梅しそ
とろろ昆布のせごはん（五分づき）
梨

夏休みの間、お世話になったお友達の家で食べた、ごはんの話を聞くのが楽しい。そうめんひとつでも、ざるに乗ってて、大きなお皿に水を入れて浮かべてあった、電動でぐるぐる回る機械でそうめんが回っていたのを集めて食べた！などといった違いや発見を、ものすごい驚きを持って教えてくれる。物事にはいろんな方法ややり方があることを、生活の中で教えられたらと思っていた。図らずもそうめんを通して、少し感じてくれたかも！

9月19日

鶏の唐揚
小アジの素揚
煮物(高野豆腐と大根、じゃがいも、にんじん)
オクラの出汁醤油漬け
コリンキーのピクルス
茹でブロッコリーとそら豆
焼きいも
ミニトマト
ひよこ豆のせごはん(五分づき)
キウイ

高野豆腐ラバーの息子のために、そろそろ煮物を開始。水分の多いおかずは、入れる前にキッチンペーパーや布で水気を吸ってから入れるようにしている。でも多少の水分なら、むしろほどよく出汁がごはんにしみて、出汁好き息子にとっては嬉しいおかずのひとつだそう。煮物はマスタークックの土鍋で作る。食材の甘みや旨味が引き出され、とてもおいしく仕上がる。おいしくできればみんなうれしい。調理器具選びも料理のうちかも。

鶏の唐揚げ
小アジの素揚げ
煮物(大根、にんじん、じゃがいも)
茹でブロッコリーとそら豆、枝豆
きゅうりの醤油漬け
焼きいも
ミニトマト
サケおにぎり(五分づき)
りんご

山下フルーツ農園から今年最初のりんご、つがるが届いた。たまらなく、おいしい。毎年、この時期から2月頃まではりんごを欠かさないようにしている。家族のからだを支えてくれますように。

鶏の唐揚
小アジの素揚
蒸しじゃがいも
オクラの出汁醤油漬け
生にんじん
茹でブロッコリーとそら豆
焼きいも
ミニトマト
サケのせごはん(五分づき)
りんご

生にんじんは、小さいながら、まるごと入れてくれ！と息子が選んだもの。季節はずれのそら豆も、おべんとうに入れてくれ！とスーパーで冷凍野菜のコーナーから息子が選んだもの。

10月3日

豚のしょうが焼き（玉ねぎ、いんげん、えのき）
甘辛揚げごぼう
りんごと大根の焼き春巻
ほうれん草のいわし節和えおひたし　→P70
生にんじん
塩おにぎり（五分づき）

息子が「トースト」という言葉を覚えてきた。普段はごはん、お味噌汁の朝食なのだけれど、食べたいというのでトーストを出したら、カリカリに焼けたパンが喉にひっかかってしまい、顔が真っ赤になるほどむせまくり、咳がとまらなくなってしまった。なんとか治まったけれど、バタバタな朝に。平日の朝に慣れないことをしてはいけないね。ごはんと味噌汁に戻ろう。

10月5日

肉団子（大豆ミート、豚肉、玉ねぎ）
里いもの煮っころがし（油揚げ、しめじ）
長いもとれんこんのオーブン焼き
蒸しじゃがいも
オクラの出汁醤油漬け
茹でブロッコリーと枝豆、そら豆
きゅうりの醤油漬け
ミニトマト
とろろ昆布のせごはん（五分づき）
みかん

秋に向かって気温が少しずつ下がり始めるころ、息子の喘息がたびたび出るようになる。たいていひどくなるのは夜で、就寝する頃にはゼイゼイと音が聞こえるほど。朝になればたいてい何事もなかったように落ち着き、幼稚園へ。粘膜を保護する、強くするという里いも、長いも、れんこんをできるだけメニューに取り入れて、しっかりチャージ。季節の変わり目をなんとか乗り切れますように。

鶏の唐揚
ししゃも
里いもの煮っころがし(油揚げ、しめじ)
長いもとれんこんのオーブン焼き
オクラの出汁醤油漬け
茹でブロッコリー
大根の醤油漬け
ミニトマト
枝豆としらすのせごはん(三分づき)
ぶどう

この時期に採れる枝豆、粒も大きくて味が濃い。どうしたって、おいしい。

大豆ミートハンバーグ(豚ひき肉、玉ねぎ)
鶏とキャベツのくたくた煮(豆もやし、えのき)
蒸しじゃがいもとにんじん
長いものオーブン焼き
茹でブロッコリーとそら豆、枝豆
大根の醤油漬け
サケおにぎり(五分づき)
みかん

秋から春までの平日の夕飯は、ほぼ毎日、土鍋料理。くたくた煮とあるものは、たいてい前日の夕飯の鍋の残り。土鍋に野菜とお肉ときのこを放り込み、煮て、調味すればできあがり。簡単さもさることながら、この時期、喘息が心配な息子の体をあたため、更年期障害真っ盛りの私の体をあたため、中年太りが心配な夫にもヘルシーといいことずくめ。臆せず、春まで毎日、土鍋料理ですよ。

10月9日

煮物(鶏肉、里いも、れんこん、じゃがいも、にんじん、玉ねぎ)
ロマネスコとブロッコリーの蒸し煮、いわし節和え
りんごと大根の焼き春巻
大根のぬか漬け
生にんじん
栗
サケの味噌漬けおにぎり(白米)

主催した「たのしい手づくり子そだて祭」終了。無事に終えられてよかった。たくさんの荷物を抱えてイベントから戻り、休めばいいのに夜は地元のお祭りに顔を出し、さすがに親子共々疲れ果て、夜中にほとんど目を瞑った状態でなんとか煮物だけ仕込んで就寝。翌朝、鍋の中で味のしみた煮物ができていて、お前は天才!と自分を褒めたたえ、朝ごはん、おべんとう、夜ごはんと煮物祭りで乗り越えましたよ。

煮物（鶏肉、里いも、れんこん、じゃがいも、にんじん、玉ねぎ）
小松菜としめじの炒め物
大根とりんごの焼き春巻
大根のぬか漬け
栗ごはん（五分づき）
柿

うまく剥けず、原型をとどめなかった栗は、ごはんに混ぜてしまおう。

鶏とじゃがいものオーブン焼き
ひじき煮（にんじん、えのき）
ブロッコリーの蒸し煮、いわし節和え
りんごと大根の焼き春巻
焼きいも
生にんじん
ひよこ豆の醤油炒めのせごはん（七分づき）
柿

焼きいもは、さつまいもを洗ってそのまま200℃のオーブンで40分。たくさん重ねても大丈夫。低温でじっくり焼くと、甘みがぐっと引き出されて、どんなさつまいもでもおいしくなる。りんごと大根の焼き春巻は、それぞれスライスして塩を振り、春巻の皮で巻いて焼いたもの。こちらも甘みがぐっと引き出されて、とてもおいしい組み合わせ。どちらもおかずにも、おやつにも。

10月17日

鶏とじゃがいものオーブン焼き
炒り豆腐の焼き春巻(とうもろこし、えのき) →P66
ロマネスコとブロッコリーの蒸し煮、いわし節和え
大根のぬか漬け
焼きいも
生にんじん
サケの味噌漬けおにぎり(白米)
柿

少しずつおかずが余ってしまったなあという時に、焼き春巻を仕込む。今日の中身は炒り豆腐。ポロポロしているから春巻の具にしてしまえば、詰めるのも食べるのもラク。天板に春巻を並べて、皮の片面にオリーブオイルを撫で付け、220℃のオーブンで20分。何が入ってるかは食べてからのお楽しみ！の春巻のできあがり。

10月18日

鶏とじゃがいものオーブン焼き
ひじき煮の焼き春巻(にんじん、えのき)
ひよこ豆の醤油炒め
ロマネスコとブロッコリーのオイル蒸し煮、いわし節和え
大根のぬか漬け
焼きいも　生にんじん
なめたけのせごはん(七分づき)
柿

肌寒くなると作りたくなるなめたけ。家族みんなが大好きで、これさえあれば朝ごはんも大満足で、欠かせない我が家の味。えのきを切って醤油とみりんで煮るだけで、あっという間にできあがり。助かる一品。免疫力に効果もあるらしいえのきは、我が家にはなくてはならない食材。価格が安定しているのもありがたい。「なめたけをぜっったいにおべんとうに入れてよね！」とリクエストがあったので、たっぷり乗せましたよ。

鶏肉と小松菜のくたくた煮（油揚げ、しめじ）
長いもとじゃがいも、にんじんの甘辛煮っころがし
れんこんのじりじり焼き
茹でブロッコリー
焼きいも
生にんじん
オリーブオイル醤油海苔巻き（七分づき）
ぶどう

10月23日

「おかあさん、もう寒くなってきたから茶色の木のおべんとう箱がいいよ。寒くなったら木のおべんとう箱のがおいしいんだよ」と、そんなことも気づかなかったの？的な上から目線で息子に言われ、秋冬用のおべんとう箱にチェンジ。ごはんやおかずが冷たくなりすぎず、味も断然おいしいんだそうですよ。知ってましたよ。来週からそうしようと思ってましたよ！！！

ささみと長ねぎのオイルマリネ　→P60
キャベツとにんじん、鶏ひき肉炒めの焼き春巻
野菜のオーブン焼き
（じゃがいも、にんじん、玉ねぎ、パプリカ、しめじ）
れんこんのじりじり焼き
ほうれん草のおひたし、ごま和え
焼きいも
生にんじん
塩おにぎり（白米）

10月31日

新物が並び始めたれんこんは、気管支や肺の調子を整えてくれるそう。息子がれんこんを好きなのも、自分の体に必要と本能でわかっているからなのかも。そして必要な時期に、必要なものが採れるという自然の凄さ。改めて感謝していただきます。

11月1日

ささみと長ねぎのオイルマリネ
パプリカのきんぴら
野菜のオーブン焼き
(じゃがいも、にんじん、玉ねぎ、しめじ)
れんこんのじりじり焼き
焼きいも
蒸しブロッコリーのいわし節和え
大根の醤油漬け
塩昆布
むかごごはん(白米)

新米がおいしくてたまらない。この時期は白米で存分に楽しむ。むかごを入れて炊いたら、ほくほくとしてとてもおいしい。これもたまらない。

11月16日

焼き高野豆腐
煮物(じゃがいも、玉ねぎ、しめじ)
りんごと大根の焼き春巻
ほうれん草のおひたし
生にんじん
梅干し
醤油海苔弁(七分づき)

焼き高野豆腐は息子の大好物。高野豆腐を出汁で煮て、粉をまぶし、さらに焼くという、私にしては手間のかかった料理。油で焼くことで食べ応えがアップして、メインのおかずにもなる。病気をしてから肉を食べなくなった実家の母のために作ってみたところ、母にも息子にも大好評。以来、我が家の定番に。好評すぎてあまり残らず、時々しかおべんとうに入れられないのが残念。

11月20日

ささみと長ねぎのオイルマリネ
長いものオーブン焼き(玉ねぎ、えのき)
里いもの煮っころがし、味噌和え
キャベツとにんじん、鶏ひき肉炒めの
焼き春巻
ほうれん草のおひたし(ごま、おかか)
焼きいも
生にんじん
赤かぶの甘酢漬け
にぼしふりかけのせごはん(白米)

キャベツの炒め物は、幼稚園の帰り道におなかがすいたよ〜と何度もつぶやきながら、「そうだ！キャベツとにんじんとお肉を炒めたらおいしいんじゃないかな」と息子がひらめいたレシピ。帰宅後にすぐに作ってみることに。野菜のカットは息子が担当し、半分は焼きうどんの具に、半分は焼き春巻の具になった。どちらも彼の人生の中で一番おいしい料理だそうですよ。考えてトライして確かめる。とっても大切なことだね。

11月22日

煮物(鶏肉、大根、こんにゃく、しめじ)
キャベツとにんじん、鶏ひき肉炒めの焼き春巻
野菜のオーブン焼き
(長いも、れんこん、にんじん、えのき)
ブロッコリーのおひたし
赤かぶの甘酢漬け
オリーブオイル醤油海苔巻き(白米)
みかん

おやつにもよく作る海苔巻き。今日はおべんとうに入れてほしい！とリクエストあり。喘息で長く休んでいたこともあり、あんなに大好きだった幼稚園に行きたくないと言う息子。2週間のブランクは大きいのだろうな。遊びの流行や、子ども同士の力関係も変わってるんだろう。大好きな海苔巻きのおべんとうをせめてもの楽しみにして、うまく乗り越えてほしいところ。がんばれ！

11月27日

ごぼうの豚肉巻き
蒸し里いも
茹でロマネスコ
焼きいも(紫いも)
ほうれん草のおひたし、いりこふりかけ和え
大根の塩もみ
じゃこのせごはん(七分づき)
金柑

2歳の頃からはじまったおべんとう生活。もっと小さな頃は私から離れようとしなかったから、こうしておべんとうの写真を撮るたびに、手を伸ばしてきたっけ。気づけば6歳の息子は、朝から好きな遊びのことで頭がいっぱいで、私の手助けも必要なく、彼のやりたいことに集中している。こうして少しずつ、そしてあっという間に離れていくんだろうなあ。お母さんにべったりなのはいつまでなんだろうと思いながら、小さな手とともに撮影。

茹で鶏
かぶとれんこんと油揚げのじりじり焼き
里いもとキビの煮物
ほうれん草のおひたし、いりこふりかけ和え
ごぼうとにんじんのきんぴら　→P56
かぶとかぶの葉の塩もみ
間引き生にんじん
さつまいもごはん(七分づき)
金柑

前回大好評だったさつまいもごはんが、おいしくなかったと言う。いもが甘すぎたとのこと。前回は熟成する前に間引いたような小さな紅はるかを使い、今回は熟成バッチリの安納いもで作った。安納いもの強すぎる甘み、べっちゃり感がごはんには合わなかったということか。言われてみれば、シンプルな味のおいものほうがごはんに合いそうだ。子どもの舌をあなどるなかれ。甘ければ喜ぶと思ったら大間違いなのである。

11月29日

根菜の煮物(里いも、れんこん、大根、じゃがいも、鶏肉、油揚げ)
白菜とえのきのくたくた煮
かぼちゃのサブジ　→P59
焼きいも(紫いも)
茹でブロッコリー
生にんじん
なめたけのせごはん(五分づき)

根菜ラバーの息子。中でも一番好きな里いもがおいしく煮えた。今頃、悶絶してるはず。にんじんの型抜きは息子の担当。クッキーの型の中から、季節外れの桜を選んでいた。花をひとつ入れるだけで、ずいぶんとラブリーな印象になってびっくり。おかずはなんとか揃えたが、しわくちゃすぎるおべんとう包み、詰め方の荒さから、私のバタバタぶりや疲れが透けて見える。でもこれが我が家の今。どうにか乗り切ろう。

12月8日

12月20日

サワラの醤油漬け焼き
野菜のオーブン焼き(ゆり根、じゃがいも、玉ねぎ)
れんこんの醤油炒め(いりごま)
里いもの煮っころがし
小松菜と菊花のおひたし
焼きいも(紫いも)
大根の醤油漬け
間引き生にんじん
雑穀(きび、ひえ、あわ)入りごはん(五分づき)
金柑

間引きにんじんは息子のリクエスト。みんなに見せびらかして、葉っぱまで食べるそう。見栄っぱりって最高だ。

12月26日

ローストチキン
れんこんの醤油炒め
キャベツの炒め物(鶏ひき肉、油揚げ)
焼きいも(紫いも)
醤油豆　→P75
生にんじん
ゆり根の炊き込みごはん(七分づき)
ポンカン

ほくほくしてほんのり甘い、ゆり根の炊き込みごはんが大好評。咳を抑える作用があるといわれるゆり根は、喘息の息子にはいくらでも食べてほしい食材。ローストチキンは、クリスマスパーティーで作った鶏の丸焼きの残りもの。余分な脂が落ちているからヘルシーな上、冷えてもどろっとした脂が固まらないのもいい。しっとりとしたお肉もおいしい。おべんとう向きのおかずかも。

豆腐ハンバーグ　→P63
ツナじゃが　→P59
れんこんの醤油炒め
金時豆煮
白菜と昆布の塩もみ
焼きいも(紫いも)
赤かぶのピクルス
大根の醤油漬け
生にんじん
黒豆ごはん(七分づき)
いちご

黒豆は肺を潤すと知り、早速取り入れてみる。親の都合で、息子は空気がいいとはいえない都会で暮らしているわけだから、できることはやらなきゃいけないと改めて思う。

12月27日

サワラの西京味噌漬け焼き
豆もやしナムル　→P70
ほうれん草のおひたし(ごま、おかか)
焼きいも(紫いも)
黒豆煮
たくあん
生にんじん
塩昆布のせごはん(五分づき)
いちご

スーパーで、すりごまを買おうと手にとったら、「ぼくはそれじゃなくてツブツブ(いりごま)のほうが好きなんだよ！ツブツブを買ってよ！」と言われて驚く。今の今まで、息子はごまが嫌いなんだと思い込んでいて、こっそり使っていたのに、すりごまは嫌いだけど、いりごまは好きという衝撃の事実。忙しいとつい取り寄せに頼ってしまうけど、子どもと一緒にスーパーで食材を見ながら買う時間も大切だな。まだまだ私の知らないことがあるかもしれない。

1月15日

1月23日

肉団子（おから、豚ひき肉、玉ねぎ）
肉じゃが（じゃがいも、にんじん、玉ねぎ、豚肉、えのき）
ゆり根のオーブン焼き
カリフラワーとブロッコリー、
芽キャベツ、ヤングコーンの煮浸し
生にんじん
たくあん
ひよこ豆入りおにぎり（七分づき）
金柑

毎朝バタバタで、おべんとう包みはいつもしわくちゃで恥ずかしいのだけれど、使っているおべんとう包みのほとんどは、夫やじいじのシャツの背中から、箸袋は袖から作ったもの。正方形や二等辺三角形をシャツから取り、周囲を縫えばできあがりの簡単リメイク。ほかにも私のスカートや、ピクニックに使っていた布からリメイクしたものも。

じゃがいものそぼろ煮（牛ひき肉、玉ねぎ）
ブロッコリーとえのきの蒸し煮
豆もやしナムル
生にんじん
赤かぶのピクルス
たくあん
かぶの葉のおかか醤油炒めと
いりこふりかけのせごはん（五分づき）　→P76
いちご

千空農園さんから届いた無農薬いちご。無農薬で作るいちごの大変さを、庭の花壇でトライして痛感しているからこそ、このうえなくありがたい。大切にいただきます。

がんも　→P69
長いものカレーソテー
小松菜のおひたし
れんこんのじりじり焼き
生にんじん
たくあんの海苔巻き（七分づき）
いちご

「今までで一番おいしかった！明日もぜーんぶ同じおかずとたくあん海苔巻きがいい！」と大絶賛。お肉はひとかけらも入っていないけれど、満足感はいっぱいだった様子で、本当に嬉しい。おべんとう作りは私の生き甲斐。そして残さず食べてくれる息子の体を作る大切なもの。残りの園生活も楽しく作りますよ。

そのまま食べられるものは、そのままで、
蒸すだけ、煮るだけ、焼くだけで。
味付けも、塩と醤油があれば、だいたい大丈夫。
シンプルな調理が、おいしくいただく秘訣です。
おべんとうのおかずは日々のごはんの延長と考えれば、
特別に作らなくてもなんとかなるもの。
華やかさはありませんが、
毎日食べたい、繰り返し作りたいおかずです。

我が家の定番おかず

chapter 2

我が家の定番おかず　調理はとにかくシンプルに！

敏感な舌を持つ子どもたちだからこそ、シンプルな調理でおいしく食べられるように、
素材そのものの味や旨味を伝えられるようにと考えています。
グルタミン酸(おもに野菜類)、イノシン酸(おもに肉、魚類)、グアニル酸(おもにきのこ類)は、
単独で使うよりも、掛け合わせることでぐっと旨味が増すといわれています。これらを組み合わせるようにすれば、
あえて出汁を取ったり、コンソメなどの旨味調味料を使わなくてもおいしく仕上がります。
また、無農薬の野菜を使えば、おいしいだけでなく、皮ごと使えます。
皮むきの手間がかからなければ、時短にもなり、負担が軽くなると感じています。
普段のおかずとおべんとうのおかず、どちらにも使えるものを我が家の定番にしています。
おべんとう用にわざわざ作らなくていいとなれば、準備も気持ちもとてもラクになりますよ。

① 素材そのまま

旬の時期ならとくに、あれこれ難しい調理はせずになるべくそのまま食べます。食べやすい大きさに切るなどして、そのままで。塩や醤油をふったり、オリーブオイルを垂らしても。

ミニトマト、トマト、にんじん、きゅうり、大根、かぶ、パプリカ、オクラ、レタス、キャベツ、白菜、長いも、玉ねぎ、カリフラワー、ズッキーニ、水菜、小松菜など

② 蒸す

蒸すと甘みが引き出されます。我が家では、せいろで蒸してそのまま食卓へ。塩や醤油をふったり、オリーブオイルを垂らしても。せいろは熱で殺菌されるので、汚れを拭くだけでも大丈夫。風通しのいいキッチンラックなどで保管します。

ブロッコリー、カリフラワー、にんじん、玉ねぎ、じゃがいも、さつまいも、里いも、長いも、かぼちゃ、大根、かぶ、れんこん、いんげん、パプリカ、とうもろこし、枝豆、そら豆など

③ 茹でる

かさが減るのでたくさん食べられます。そのままでも、塩や醤油をふったり、オリーブオイルを垂らしても。葉物は、醤油で和えておひたしに。

ブロッコリー、カリフラワー、そら豆、枝豆、いんげん、さやえんどう、スナップえんどう、モロッコいんげん、オクラ、キャベツ、芽キャベツ、アスパラガス、とうもろこし、ほうれん草、小松菜、ちんげんさいなど

④ 蒸し煮にする　P56

素材の持つ水分を利用して、フライパンに蓋をしてさっと蒸し煮にすると、素材の旨味を引き出すことができます。オイルをひき、塩をふって焼くだけの、手軽な調理法です。

⑤ **煮る** P57-

煮物は、土鍋で煮るのがおすすめです。ゆっくりと温度が上がるので野菜の甘みが引き出され、火を止めたあとはゆっくりと温度が下がるので、素材がやわらかく煮えます。味のしみこみもよくなります。

⑥ **オーブンで焼く** P61-

根菜など焼いておいしい野菜は、塩とオイルで和えてオーブンへ。一度にたくさん調理でき、焼きっぱなしでいいからとても手軽です。デロンギのコンベクションオーブンを使用しています。

⑦ **フライパンで焼く・炒める** P63-

じっくり焼いて野菜の甘みを引き出します。大豆製品や乾物も、油で炒めて食べ応えのあるおかずに。

⑧ **揚げ焼きする** P69-

多めの油で揚げ焼きして、食べ応えのあるおかずに。

⑨ **和える** P70

旨味を掛け合わせて、さらにおいしく。

⑩ **浸す・漬ける** P71-

漬けるだけでおいしい、簡単調理です。

【 おべんとうには 】

＊水気や汁気のあるものは、よく絞ったり、キッチンペーパーや布で包んで水気を切ってから使います。おひたしなどは入れる直前によく絞り、かつお節やすりごまなどと和えて水気を吸わせてから入れています。

＊前日までに作ったおかずは、冷蔵庫で保存し、そのまま詰めています。煮物など水分が多いおかずは、再加熱して冷ましてから入れています。ただし、冷蔵と再加熱を何度も繰り返さないように、2～3日で食べきるようにしています。

＊揚げ物や焼き物など冷凍保存したものは、オーブンで焼き戻してから入れています。

＊気温の高い季節は腐敗防止のために、おべんとう箱を酢で拭く、梅やしそ、酢を使ったおかずを多用、味を濃くするなどし、複数の保冷剤をあてて持たせています。

【 レシピについて 】

◎材料の分量のこと
おかずは普段の食卓とおべんとうを兼用にしているので、まとめてたくさん作ることも多いです。ご家庭の状況に合わせて、材料を半分にするなどしてください。

◎計量のこと
本書で使用している計量カップは、1カップ=200ml、計量スプーンは大さじ1=15ml、小さじ1=5mlです。

◎火加減のこと
とくに明記がない場合は中火ですが、火加減や加熱時間は状態を見ながら調整してください。

◎油のこと
常備しているのは米油、オリーブオイルです。

◎粉のこと
粉に旨味を感じるので、おもに中力粉を使用しています。薄力粉でもかまいません。

◎甘味のこと
砂糖の代わりにメープルシロップやアガヴェシロップを使用しています。シロップのほうが扱いやすいので多用していますが、はちみつでもかまいません。

④ 蒸し煮にする

① ブロッコリーとえのきの蒸し煮

ブロッコリーの蕾にえのきの出汁がしみこんでおいしい

【材料】
ブロッコリー…1株
えのき…1/4束(50g)
塩…小さじ1/3〜1/2
オリーブオイル…大さじ1

【その他のおすすめ食材】
カリフラワー、にんじん、玉ねぎ、じゃがいも、さつまいも、里いも、長いも、かぼちゃ、大根、かぶ、れんこん、いんげん、さやえんどう、スナップえんどう、モロッコいんげん、オクラ、キャベツ、芽キャベツ、アスパラガス、白菜、小松菜など

1 ブロッコリーは一口大に切る。えのきはみじん切りにする。
2 フライパンにオリーブオイルをひき、ブロッコリー、えのきを入れ、塩をふって火にかける。
3 水1/3カップ(分量外)を加え、蓋をして3分ほど蒸し煮にする。途中、フライパンをゆすって焦げつかないようにする。
4 水分が残っているようなら、火を強めて水分を飛ばす。ブロッコリーに火が通っていれば、火からおろす。

＊水分の多い野菜や、すぐに火が通る野菜を蒸し煮にする場合は、水を加えずに蒸し煮にします。

蒸し煮でごぼうの甘みが引き出され、あっさりと仕上げられる

① ごぼうとにんじんのきんぴら

【材料】
ごぼう…1本
にんじん…1本
塩…ひとつまみ
醤油…大さじ1
いりごま(またはすりごま)
　…大さじ1
米油…大さじ1

【その他のおすすめ食材】
れんこん、大根、じゃがいも、長いも、さつまいも、かぼちゃ、パプリカ、こんにゃくなど

1 ごぼうとにんじんは千切りにする。
2 熱したフライパンに米油をひき、ごぼうを入れ、塩をふって炒める。
3 にんじんと水1/3カップ(分量外)を加え、蓋をして3分ほど蒸し煮にする。途中、フライパンをゆすって焦げつかないようにする。
4 3分ほどたったら、醤油を加えて味付けし、火を強めて炒めながら水分を飛ばす。
5 器に盛りつけ、いりごまを散らす(またはすりごまで和える)。

⑤ 煮る

① 具だくさん煮物　土鍋で甘みを引き出す、我が家の定番煮物

【 材料 】
鶏肉(胸またはもも)…1枚
大根…1/4本
れんこん…1節
にんじん…1/2本
玉ねぎ…1/2個
こんにゃく…1/2枚
厚揚げ…1/2枚
しめじ…1/2株
塩…小さじ1弱
醤油…大さじ2

1　材料を一口大に切る。
2　土鍋に醤油以外の材料をすべて入れ、弱火にかける。焦げつくようであれば、水を少々入れる。
3　15〜20分ほど煮て、大根に火が通ったら、醤油をまわし入れる。ひと煮立ちさせてから火を止め、蓋をして余熱で味を含ませる。

【 その他のおすすめ食材 】
じゃがいも、さつまいも、里いも、長いも、かぼちゃ、長ねぎ、いんげん、豆類、えのき、エリンギ、油揚げ、がんも、しらたき、高野豆腐、麩、豚肉、牛肉など

お酢の力で腐りにくい、さっぱり煮物

① 大根と鶏肉の酢醤油煮

【材料】
大根…1/2本
鶏もも肉…1枚
しめじ…1/2株
塩…少々
醤油…大さじ3
酢…大さじ2
みりん…大さじ3

【その他のおすすめ食材】
れんこん、かぶ、にんじん、玉ねぎ、じゃがいも、えのき、こんにゃく、しらたきなど

1　大根と鶏肉は一口大に切る。しめじはほぐす。
2　土鍋に大根、鶏肉、しめじを入れ、塩をふり、蓋をして弱火にかける。焦げつくようであれば、水を少々入れる。
3　15〜20分ほど煮て、大根に火が通ったら、醤油、酢、みりんを加える。ひと煮立ちさせてから火を止め、余熱で味を含ませる。

① 白菜とアサリのくたくた煮

白菜の甘みと、アサリの旨味がたまらない

【材料】
白菜…1/4個
アサリ…300g
酒…大さじ1
醤油…大さじ1

【その他のおすすめ食材】
キャベツ、ほうれん草、小松菜、ちんげんさい、きのこ類、鶏肉、豚肉、ベーコン、ソーセージなど

1　アサリは砂出ししておく。白菜を一口大に切る。
2　土鍋に白菜、アサリ、酒を入れ、蓋をして弱火にかける。焦げつくようであれば、水を少々入れる。
3　10分ほど煮て、アサリが口を開け、白菜がしんなりしていたら、醤油をまわしかける。ひと煮立ちさせ、火からおろす。

＊アサリは砂出ししたあと、冷凍しておくと旨味が増します。

肉を使わないから、冷めても脂が固まらない

ツナじゃが

【材料】
じゃがいも…3個
玉ねぎ…1/2個
にんじん…1/2〜1本
えのき…1/4束(50g)
ツナ缶(ノンオイル)…1個
塩…少々
醤油…大さじ2
米油…大さじ1

【その他のおすすめ食材】
里いも、長いも、さつまいも、かぼちゃなど

1 野菜を一口大に切る。えのきはみじん切りにする。
2 鍋に米油をひき、1と汁気を切ったツナ、塩、水1/3カップ(分量外)を入れ、蓋をして弱火にかける。
3 10分ほど煮て、じゃがいもに火が通ったら、醤油を全体にまわしかけ、ひと煮立ちさせる。水分が飛んだら火からおろす。

かぼちゃのサブジ

煮物に、少しのスパイスを加えて楽しい味に

【材料】
かぼちゃ…1/4個
塩…少々
醤油…大さじ1
カレー粉…小さじ1
米油…大さじ1

【その他のおすすめ食材】
じゃがいも、さつまいも、里いも、長いも、カリフラワー、ブロッコリー、豆類(ひよこ豆、レンズ豆、大豆、グリーンピース)など

1 かぼちゃは皮を少し残して、一口大に切る。
2 鍋に米油をひき、かぼちゃ、塩、水1/3カップ(分量外)を入れ、蓋をして弱火にかける。
3 10分ほど煮て、かぼちゃに火が通ったら、醤油、カレー粉を加え、ひと煮立ちさせる。水分が飛んだら火からおろす。

① ささみと長ねぎのオイルマリネ

しっとりとしたささみ、長ねぎの甘みもおいしい

【材料】
ささみ…3本
長ねぎ…1本
塩…小さじ1
オリーブオイル…1/2カップ

【その他のおすすめ食材】
鶏胸肉、にんにく

1　長ねぎは5cmの長さに切る。ささみは筋を取る。
2　すべての材料を鍋に入れ、火にかける。
3　5分ほど煮たら火を止めて、蓋をし、余熱で火を通す。

＊食べ終わったあとに残るオイルは、風味があっておいしいです。パスタなどの調理に使ってください。

バターの代わりにオリーブオイルで煮詰めて

① にんじんのグラッセ

【材料】
にんじん…2本
塩…小さじ1
オリーブオイル
　…大さじ1～2

【その他のおすすめ食材】
じゃがいも、さつまいも、里いも、長いも、かぼちゃ、大根、かぶ、れんこんなど

1　にんじんは一口大に切る。
2　すべての材料を鍋に入れ、蓋をして弱火にかける。時々ゆすったり、木べらで混ぜる。
3　10分ほど煮て、にんじんに火が通ったらできあがり。

⑥ オーブンで焼く

① 野菜のオーブン焼き

えのきの旨味で、野菜をもりもり食べられる

【材料】
じゃがいも、にんじん、
　玉ねぎ、れんこん、長いも、
　トマト、なす、ズッキーニ、
　鶏肉、しめじなど
　…バット1皿分
　（28×22×5cm）
えのき…1/2束（100g）
塩…小さじ1
オリーブオイル…大さじ5

【その他のおすすめ食材】
さつまいも、里いも、かぼちゃ、大根、かぶ、ごぼう、長ねぎ、芽キャベツ、ゆり根、ミニトマト、パプリカ、きのこ類（マッシュルーム、エリンギ）、豚肉、ベーコン、ソーセージ、ツナ、エビ、ホタテ、魚の切り身（サケ、タラ）など

1　野菜、鶏肉は一口大に、えのきはみじん切りにする。しめじはほぐす。
2　ボウルにすべての材料を入れて、よく和える。
3　バットに2を入れ、200℃にあたためたオーブンで30〜40分ほど焼く。
4　焼き色がつき、根菜類に火が通ったら、オーブンから取り出す。

① 味噌入り肉団子

大豆ミートで軽い食感の肉団子

【材料】
大豆ミート（そぼろ状の
　乾物）…1袋（100g）
ひき肉（鶏または豚）
　…200g
玉ねぎ…1/2個
えのき…1/2束（100g）
塩…少々
味噌…大さじ3
片栗粉…大さじ2

1　大豆ミートは熱湯を加えてふやかす（袋の指示に従う）。玉ねぎとえのきはみじん切りにする。
2　すべての材料をボウルに入れて、よくこね、4〜5cm大に丸める。
3　バットに米油（分量外）をぬり、2を並べ、220℃にあたためたオーブンで30分焼く。

＊そのままでも、醤油やケチャップをかけても、あんかけにしても。

⑥ オーブンで焼く

① 魚のオーブン焼き

オーブンで焼きっぱなしのお手軽焼き魚

【材料】
好みの切り身の魚
　…3〜4切れ
塩（臭み取り用）…小さじ1
塩（調味用）…少々
オリーブオイル…大さじ1

【おすすめ食材】
タラ、サワラ、サバ、サケなどの切り身

1　魚に塩をふり、10分ほどおき、出てきた水気をふきとる。
2　魚の両面とバットにオリーブオイルを塗り、バットに魚を並べ、塩をふり、230℃にあたためたオーブンで20分ほど焼く。
3　こんがりと焼き目がついたら、オーブンから取り出す。

＊バットの代わりに、クッキングペーパーの上に魚を乗せて焼いても手軽です。

① いろいろ焼き春巻

余りおかずや野菜をなんでも巻いて、お楽しみ焼き春巻に！

【材料】
余りおかずや野菜…適量
春巻きの皮…10枚
オリーブオイル…大さじ2
＊写真ではひじき煮を使っています。

【おすすめ食材】
切り干し大根炒め、煮物、炒め物、カレーなどの残り、焼きいもをつぶしたもの、余り野菜やきのこ、果物のスライスなど

1　広げた春巻の皮の中央に具材を置き、包む。
2　バットに春巻を並べ、オリーブオイルをまわしかけ、スプーンなどで全体に塗りつける。春巻の角までしっかりと塗りつけると、パリッとした仕上がりになる。
3　220℃にあたためたオーブンで20分ほど焼く。焼き目がついていたら、オーブンから取り出す。

⑦ フライパンで焼く・炒める

① 豆腐ハンバーグ　　お豆腐でふっくらやわらかなハンバーグ

【材料】

A
- 木綿豆腐…1丁
- ひき肉（鶏または豚）…200g
- 玉ねぎ…1/2個
- えのき…1/4束(50g)
- 塩…小さじ1/2
- 片栗粉…大さじ1

醤油…大さじ1
みりん…大さじ1
米油…大さじ1〜2

1　豆腐は水切りしておく。玉ねぎとえのきはみじん切りにする。

2　Aの材料をボウルに入れ、よくこね、好みの大きさのハンバーグ形にまとめ、空気を抜く。

3　熱したフライパンに米油をひき、2を並べて焼く。こんがりとした焼き目がついたらひっくり返す。

4　蓋をして弱火にし、8分ほどじっくり焼く。蓋を取り、醤油とみりんをまわしかける。火を強めてからめながら水分を飛ばし、火からおろす。

＊豆腐はざるに上げて、冷蔵庫で一晩から1日おくことでしっかり水切りできます。

＊やわらかめのハンバーグなので、しっかりと焼き目をつけてください。

フライパンで焼く、炒める ⑦

① しらたき炒め

野菜と少しのお肉で、食べごたえのあるメイン料理に

【材料】
しらたき…1袋(250g)
玉ねぎ…1/2個
にんじん…1/2〜1本
いんげん…7〜8本
しめじ…1/2株
豚肉…70〜80g
塩…小さじ1/2
醤油…大さじ2
米油…大さじ1

【その他のおすすめ食材】
小松菜、ニラ、ちんげんさい、豆苗、長ねぎ、小ねぎ、えのき、エリンギ、油揚げ、ひき肉、牛肉など

1　玉ねぎ、にんじん、豚肉は千切りに、しらたきといんげんは食べやすい長さに切り、しめじはほぐす。
2　熱したフライパンに米油をひき、玉ねぎ、豚肉を入れて炒める。肉の色が変わったら、にんじん、いんげん、しめじ、塩を加えてさっと炒め、しらたきを加える。
3　3分ほど炒めたら、醤油をまわし入れ、火を強めて水分を飛ばし、火からおろす。

お肉も野菜も楽しめるバランスのいいおかず

① いんげんの豚肉巻き

【材料】
豚肉(薄切り)…5枚
いんげん…20本
醤油…大さじ1
酒…大さじ1
塩…少々
米油…大さじ1
＊下茹で不要の冷凍いんげんを使うと手軽です。

【その他のおすすめ食材】
にんじん、大根、ごぼう、長ねぎなど

1　豚肉を広げ、下茹でしたいんげんを4本入れて、端から斜めにくるくると巻く。
2　熱したフライパンに米油をひき、肉の巻き終わりを下にして並べる。
3　焼き目がついたら、残りの面を焼き、全体に焼き色をつける。
4　塩をふり、醤油と酒をまわし入れ、火を強めてからめながら水分を飛ばし、火からおろす。

① れんこんのじりじり焼き

じりじり焼いて野菜の甘みを引き出して

【材料】
れんこん…1節(10cm程度)
塩…少々
醤油…小さじ2
米油…大さじ1

【その他のおすすめ食材】
大根、かぶ、ごぼう、じゃがいも、さつまいも、長いも、かぼちゃなど

1　れんこんは5mmの厚さに切る。
2　熱したフライパンに米油をひき、れんこんを並べる。
3　焼き目がついたら裏返し、蓋をして弱火にする。れんこんが透き通るまで5分ほど焼く。
4　塩をふり、醤油をまわしかける。火を強めて醤油をからめながら水分を飛ばし、火からおろす。

ほくほくした長いもは子どもにも大人気

① 長いものカレーソテー

【材料】
長いも…15cm程度
醤油…大さじ1/2
カレー粉…少々
米油…大さじ1

【その他のおすすめ食材】
大根、かぶ、ごぼう、れんこん、じゃがいも、さつまいも、かぼちゃなど

1　長いもは5mmの厚さに切る。
2　熱したフライパンに米油をひき、長いもを並べる。
3　焼き目がついたら裏返し、蓋をして弱火にする。長いもが透き通るまで5分ほど焼く。
4　醤油をまわし入れ、カレー粉をふる。火を強めて醤油をからめながら水分を飛ばし、火からおろす。

⑦ フライパンで焼く、炒める

優しい味の炒り豆腐は、ごはんのおともにぴったり

ⓘ 炒り豆腐

【材料】
木綿豆腐…1丁
小ねぎ…2〜3本
にんじん…1/3本
とうもろこし…大さじ3
　（冷凍・缶詰でも可）
えのき…1/8束(25g)
塩…少々
醤油…大さじ1
花かつお…ひとつかみ
　（または小袋1パック）
米油…大さじ1

1　豆腐は水切りしておく。小ねぎは小口切りに、にんじんは5mm角に、えのきはみじん切りにする。
2　熱したフライパンに米油をひき、ざっくりとつぶした豆腐、小ねぎ、にんじん、えのき、とうもろこしを入れ、豆腐を崩しながら炒める。
3　水分が飛んだら、塩をふり、醤油をまわし入れ、火を強めて水分を飛ばし、ポロポロになるまで炒める。
4　花かつおを握りつぶしながら入れ、全体に和えたら、火からおろす。

＊おべんとうではごはんに乗せたり、焼き春巻の具にしても。ポロポロとしますが、お箸の練習にも。

ⓘ ニラチヂミ

子どもに大人気のニラチヂミはおやつにも

【材料】
ニラ…1束
えのき…1/2束(50g)
中力粉（または薄力粉）
　…1カップ
塩…小さじ1/2
米油…大さじ2

【その他のおすすめ食材】
にんじん、ごぼう、ズッキーニ、かぼちゃ、長ねぎ、小ねぎなど

1　ニラは3〜4cmの長さに、えのきはみじん切りにする。
2　ボウルに米油以外の材料を入れ、水1/2カップ（分量外）を加え混ぜ合わせる。
3　熱したフライパンに米油大さじ1をひき、2を入れ、全体に広げる。
4　焼き色がついたらひっくり返し、フライ返しなどで押しつけながら、弱火にして5分ほど焼く。
5　残りの米油大さじ1をフライパンのへりに沿ってまわし入れ、強火にしてこんがりと焼く。水分が飛んでふちがカリッとしたら、火からおろす。

＊おべんとうには、キッチンばさみで数cm角に切ると入れやすいです。

こんがりとしておいしい、甘みもたっぷりのじゃがいも焼き

じゃがいものカリカリ焼き

【材料】
じゃがいも…3個
中力粉（または薄力粉）
　…大さじ5
塩…小さじ1/2
米油…大さじ2

1　じゃがいもは皮をむき、できるだけ細い千切りにする（または細切りのスライサーなどで千切りにする）。水にはさらさない。
2　ボウルに1と中力粉、塩を入れ、混ぜ合わせる。
3　熱したフライパンに米油大さじ1をひき、2を全体に広げる。
4　焼き色がついたらひっくり返し、フライ返しなどで押しつけながら、弱火にして5分ほど焼く。
5　残りの米油大さじ1をフライパンのへりに沿ってまわし入れ、強火にしてこんがりと焼く。水分が飛んでふちがカリッとしたら、火からおろす。

切り干し大根カレー炒め

切り干し大根とカレーの風味がぴったり！

【材料】
切り干し大根…40g
にんじん…1/2本
玉ねぎ…1/4個
えのき…1/8束(25g)
カレー粉
　…少々〜小さじ1/3
醤油…大さじ1
米油…大さじ1

1　切り干し大根は水（分量外）で戻し、水気を切っておく。にんじんは千切りに、玉ねぎは薄切りに、えのきは3cm程度に切ってほぐす。
2　熱したフライパンに米油をひき、1を入れて炒める。
3　全体に油がまわったら、醤油、カレー粉を加え、火を強めて味をからめながら水分を飛ばし、火からおろす。

① 焼き高野豆腐

高野豆腐を焼きつけて、ボリューム満点のメインおかずに

【材料】
高野豆腐…4枚
出汁…2カップ
塩…小さじ1/3
醤油…大さじ1
米油…大さじ2

1　鍋に出汁、塩、醤油を入れ、火にかける。
2　煮立ったら高野豆腐を入れ、出汁を含ませる。十分にしみこんだら火からおろす。
3　2を食べやすい大きさに切り、小麦粉(分量外)を茶こしなどを使って両面にまぶす(水分を絞りすぎないほうがふっくら感が残っておいしい)。
4　熱したフライパンに米油大さじ1をひき、3を並べる。
5　焼き色がついたら、ひっくり返し、米油大さじ1をフライパンのへりに沿ってまわし入れ、反対側も色づくまで焼く。
6　2で余った出汁に残りの醤油(分量外)を入れ、めんつゆ程度に調味したものを大さじ5ほどさっとまわしかけ、火を強め、煮汁がなくなる前に引き上げる。

⑧ 揚げ焼きする

ふわふわとしておいしい！自家製ならではの味

① がんも

【材料】
木綿豆腐…1丁
にんじん…1/2本
小ねぎ…2〜3本
えのき…1/4束(50g)
塩…小さじ1/3
醤油…小さじ1
片栗粉…大さじ3
米油…大さじ5

【その他のおすすめ食材】
いんげん、枝豆、グリーンピース、とうもろこし、れんこん、ごぼう、ニラ、長ねぎなど

1　豆腐は水切りしておく。にんじんは5mm角に、小ねぎは小口切りに、えのきはみじん切りにする。
2　ボウルに米油以外の材料を入れ、豆腐をつぶしながらよくこねる。
3　直径5cm、厚さ1.5cmほどに成形する。
4　フライパンに米油をひき、3を並べ、両面をこんがりと焼く。

① 甘辛揚げごぼう

おやつにも食べたい甘辛味

【材料】
ごぼう…1本
醤油…大さじ1
みりん…大さじ1
いりごま(またはすりごま)
　…適量
米油…大さじ2

1　ごぼうは薄切りにして水にさらし、水気を切る。
2　熱したフライパンに米油をひき、ごぼうを入れ、揚げ焼きにする。
3　ごぼうに火が通ったら、醤油、みりんを加え、味をからめながら水分を飛ばし、火からおろす。
4　お好みでいりごまを散らす。

⑨ 和える

甘みのある小松菜は子どもに食べやすい

① 小松菜のおひたし

【材料】
小松菜…1束
醤油…小さじ2
花かつお…ひとつかみ
　（または小袋1パック）

【その他のおすすめ食材】
ほうれん草、ちんげんさい、キャベツ、白菜、水菜など
ごま、いわし節、にぼし粉、しらす、じゃこ、干しアミエビなど

1　小松菜は根元のキワを切り、よく洗う。
2　鍋に湯を沸かし、小松菜を根から入れ、30秒〜1分ほど湯がく。
3　鍋から引き上げ、流水にさらし、軸を揃えて水気をよく絞る。
4　5cm程度に切り、醤油、細かくした花かつおと和える。

① 豆もやしナムル

お豆の食感が楽しいナムル

【材料】
豆もやし…1袋
塩…小さじ1/3
醤油…小さじ2
すりごま…大さじ1
ごま油(または米油)
　…小さじ2

【その他のおすすめ食材】
ほうれん草、小松菜、ちんげんさい、キャベツ、白菜、水菜、ブロッコリー、カリフラワーなど

1　鍋に湯を沸かし、豆もやしをさっと湯がく。
2　ざるに取り、水気を切り、ボウルに1と塩、醤油、ごま油を入れてよく和える。
3　食べる(またはおべんとうに詰める)直前に、さらに水気を切り、すりごまと和える。

⑩ 浸す・漬ける

＊漬ける時間はお好みで。30分ならあっさり漬け、一晩おけばしっかりと味がつくものがほとんどです。

① カリフラワーの煮浸し　　和風の味付けでカリフラワーを食べやすく

【材料】
カリフラワー…1/2株
出汁…1カップ
塩…小さじ1/3
醤油…大さじ1

【その他のおすすめ食材】
ブロッコリー、ロマネスコ、オクラなど

1　カリフラワーは一口大にほぐすか切る。
2　鍋に出汁、塩、カリフラワーを入れ、3分ほど煮る。
3　カリフラワーに火が通ったら、醤油を加え、火からおろして味を含ませる。

＊カリフラワーは煮崩れしやすいので、短時間で仕上げて、余熱で火を通します。

① オクラの出汁醤油漬け

出汁のしみたオクラがごはんにぴったり

【材料】
オクラ…1袋
出汁…1カップ
塩…ひとつまみ
醤油…大さじ2

【その他のおすすめ食材】
なす、ズッキーニ、かぼちゃなど

1　オクラはガクとヘタの部分を形に沿って切り取る。表面の産毛を塩(分量外)でこすり取る。
2　鍋に湯を沸かし、オクラを2分ほど茹で、ざるに上げる。
3　出汁に塩、醤油を加え、水気をよく切ったオクラを漬ける。

① 大根の醤油漬け

切って容器に入れるだけの簡単漬物

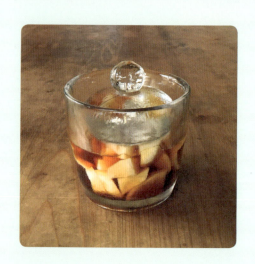

【材料】
大根…1/8本
醤油…大さじ3

【その他のおすすめ食材】
にんじん、かぶ、きゅうり、なすなど

1　大根は食べやすい大きさに切る。
2　容器に入れ、醤油をかけて重しをする。

＊重しが付いた漬物容器だと、手軽においしい漬物ができるのでおすすめです。ない場合は、タッパーなどに材料を入れ、重しはビンやペットボトルなどで代用してみてください。

① にんじんの梅酢漬け

さっぱり梅酢が夏場にぴったり

【材料】
にんじん…1本
赤梅酢または白梅酢
（梅干しを漬ける際にできる液体、市販のものでも可）…適量

【その他のおすすめ食材】
大根、かぶ、きゅうり、なす、玉ねぎ、みょうがなど

1　にんじんは食べやすい大きさに切る。
2　保存容器ににんじんを入れ、にんじんの半量ほどの梅酢を入れる。梅酢が全体にまわるように、時々かき混ぜる。

子どもにも食べやすい甘酢漬け

① 赤かぶのピクルス

【材料】
赤かぶ…2個
A（ピクルス液）
　塩…小さじ1/2
　酢…大さじ3
　メープルシロップ
　（アガヴェシロップ、
　はちみつでも可）…大さじ1

【その他のおすすめ食材】
大根、かぶ、きゅうり、パプリカ、コリンキー、玉ねぎ、みょうが、新しょうがなど

1　ピクルス液を作る。Aをよく混ぜ合わせ、塩を溶かす。
2　赤かぶは食べやすい大きさにスライスする。
3　保存容器に赤かぶを入れ、かぶの半量ほどのピクルス液を入れる。全体に味がまわるように、時々かき混ぜる。

浸す、漬ける

もむだけ、すぐできる、そしておいしい

① キャベツの塩もみ

【材料】
キャベツ…1/4個
塩…小さじ1/2

1　キャベツは1〜2cm幅のざく切りにする。
2　ボウルに1と塩を入れ、手でもみ、しばらくおく。出てきた水分を絞る。

【その他のおすすめ食材】
きゅうり、にんじん、大根、かぶ、小松菜、ちんげんさい、白菜、水菜など

① きゅうりの醤油麹漬け

旨味たっぷりの醤油麹漬け

【材料】
きゅうり…1本
醤油麹…大さじ2

1　きゅうりは斜めにスライスする。
2　醤油麹で和えて、しばらくおく。

◎醤油麹の作り方
【材料】
米麹（乾燥）…200g
醤油…2カップ

1　殺菌した保存容器に米麹と醤油を入れ、よく混ぜ合わせる。
2　ゆるく蓋をしめ、1日1回かき混ぜながら1週間ほど常温で発酵させる（冬場は暖かい部屋で10日から2週間）。
3　麹の粒がやわらかくなり、とろみや香りが出てきたらできあがり。

【その他のおすすめ食材】
にんじん、大根、かぶなど

＊保存は常温で1ヶ月程度、冷蔵庫なら3ヵ月程度。

○ ごはんのおとも

これさえあればごはんがすすむ。おべんとうに、そして朝ごはんにもあると便利！

簡単でみんな嬉しい我が家の定番

① なめたけ

【材料】
えのき…1束(200g)
醤油…大さじ3
みりん…大さじ3
(好みで)酢…小さじ1

1　えのきはみじん切りにする(キッチンばさみで鍋に切りながら入れると簡単)。
2　鍋にすべての材料を入れ、蓋をして、弱火にかける。
3　3〜4分煮て、ぐつぐつとしてきたら蓋を取り、木べらでかき混ぜながら水分を飛ばす。
4　水分がなくなる直前に火からおろす。

＊酢を入れると味が引き締まります。

① 醤油豆

ごはんに乗せても、おにぎりにしてもおいしい

【材料】
大豆(水煮、圧力鍋や炊飯器で炊くと手軽、市販のものでも可)…200g
醤油…適量

【その他のおすすめ食材】
ひよこ豆

1　大豆の水気をよく切る。
2　保存容器に大豆を入れ、豆の半量ほどの醤油を入れる。全体に味がまわるように、時々かき混ぜる。冷蔵庫で一晩以上おいて、大豆に味がしみてからいただく。

ごはんのおとも

① とうもろこしとじゃこの炒め物

みんな大好きとうもろこしで、カルシウム補給

【材料】
とうもろこし（冷凍、
　缶詰でも可）…1カップ
ちりめんじゃこ…大さじ3
醤油…大さじ1弱
米油…大さじ1

1　フライパンに米油をひき、とうもろこしを炒める。
2　全体に油がまわったら、じゃこと醤油を入れ、炒める。
3　醤油の香ばしい匂いがしたら、火からおろす（焦がしすぎに注意）。

＊かつお節を加えても。

葉っぱは捨てずに、栄養たっぷりごはんのおとも

① かぶの葉のおかか醤油炒め

【材料】
かぶの葉…2束分
塩…小さじ1/3
醤油…大さじ1弱
花かつお…ひとつかみ
　（または小袋1パック）
米油…大さじ1

【その他のおすすめ食材】
大根の葉

1　かぶの葉はみじん切りにする。
2　フライパンを熱して米油をひき、1を炒める。
3　塩、醤油を加えて軽く炒め、細かくした花かつおを入れる。焦げつく前に火からおろす。

① ゆかり

梅干しを作ったら、赤しそを引き上げてふりかけに

【材料】
赤しそ(梅干しを作る時に
　使用したもの)…適量

1　赤しそを絞り、数日から1週間ほど天日干しする。
2　からからに乾いたら、手で握りつぶし、粉状にする。

混ぜるだけのおいしいふりかけ。毎日のカルシウム補給に

① いりこふりかけ

【材料】
いりこだし(にぼしの粉末)
　…100g
塩…小さじ1
すりごま…大さじ1
いりごま…大さじ1
(好みで)金ごま、
　干しアミエビなど…適量

すべての材料を、保存容器かジッパー付きポリ袋の中で混ぜる。

＊冷凍庫で保存すると長くもちます。

ごはんのおとも

栄養たっぷりの八丁味噌を食べやすく

① ごま味噌

【材料】
八丁味噌…大さじ3
黒すりごま…大さじ1
はちみつ
　（メープルシロップ、
　アガヴェシロップでも可）
　…大さじ2

すべての材料を保存容器に入れ、よく混ぜる。

① オリーブオイル醤油ごはん

忙しい朝におすすめ。海苔巻きにしてもおいしい

【材料】
オリーブオイル、醤油
　…各適量

ごはんにオリーブオイルと醤油をかけていただく。

＊卵ごはんのようなコクがあり、卵アレルギーのお子さんにおすすめです。

◯ 私のこだわり食材

あちこち旅をして演奏する機会が多くあり、訪れたその土地で食材を見つけるのが楽しみのひとつです。地元のスーパーや産直市場などにでかけ、その地方独自の食材や調味料を探すのです。調味料は味の要、ぜひ好きな調味料を見つけてみてください。味はもちろん、本来の作り方で丁寧に作られ、添加物などは入っていないこと、またネットや近隣のお店で手に入れやすい、ということも選ぶポイントにしています。

どれも何度も使いたくなるおいしさです。作り手のみなさんにも、感謝と応援を込めて購入しています。

調味料など

ⓐ 醤油：島根で見つけた井上古式醤油
ⓑ 酒：東酒造の黒酒
ⓒ みりん：東酒造の高砂の峰
ⓓ オリーブオイル：チャンベルゴ・セレクション
ⓔ 酢：千鳥酢（さっぱり）・富士酢（濃厚）
ⓕ 米油：三和油脂のまいにちのこめ油
ⓖ 塩：ゲランドの塩
味噌：やさか味噌・中辛（島根）
アガヴェシロップ：Wholesome
はちみつ：Y.S. ORGANIC BEE FARMS

食材など

ⓐ ひよこ豆（アリサン）、ⓑ いりこだし（サカモト）、ⓒ 凍り豆腐（高野豆腐・信濃雪）、ⓓ しらたき（石橋屋）、ⓔ こんにゃく（石橋屋）、切り干し大根（こだま食品・広島県産有機千切り大根）、出汁パック（名島屋の新だし）、いりこ（やまくに）、ひじき（祝島ひじき）、油揚げ・厚揚げ（藤田食品）、大豆ミート（アリサン）など。

その他お取り寄せしているもの

◯ お米：亀の尾、ササニシキ（蒜山耕藝・岡山）
　　イセヒカリ、ヤマヒカリ（千空農園・岐阜）
◯ 鶏肉（秋川牧園・山口）
◯ 野菜（秋川牧園、蒜山耕藝、千空農園、てるんfarm・岡山、warmer warmer）　◯ さつまいも（山脇農園・鹿児島）
◯ りんご（山下フルーツ農園・長野）　◯ いちご（千空農園）

我が家の
定番おやつ

子どもの胃袋はまだまだとても小さくて、
一度にたくさん食べられないのが当たり前。
10時や15時のおやつは、朝ごはんやお昼ごはんで食べられなかった
ごはんの続きなのかもしれません。
そもそも、おやつは甘いもの、と
大人のほうが思い込んでいませんか。
実際、子どもたちはさほど甘くないおやつも、
とても喜んで食べます。

私がおすすめするおやつは、
おにぎり、海苔巻き、お餅、焼きいもなど
主食の代わりになるものや、
とうもろこし、枝豆、果物など季節の食べ物です。
毎日のおやつはこういった地味なもので十分。
そして時々、子どもと一緒に手を動かしながら、
特別なおやつを作る時間があったら楽しいかもしれません。
我が家では砂糖を使いませんが、
甘さのあるおやつは作ることができます。
優しい甘みは、まだまだ敏感な舌を持つ子どもにぴったり。
クッキー作りは2歳ぐらいから一緒に楽しめますよ。
ただ小麦粉については、
パンやうどん、パスタなど食事でとる分も含め、
多くなりすぎないように気をつけています。
小麦に限らず、偏った食材ばかりになっていないかと、
時々振り返ってみることが大切だと思います。

① 豆腐バナナマフィン

バナナの甘みで作る優しい味のマフィン

【材料】

A
　中力粉(または薄力粉)
　　…200g
　ベーキングパウダー
　　…小さじ2
　塩…ひとつまみ
B
　絹豆腐…1/2丁
　バナナ(完熟)…1本
　米油…70g
レーズン…大さじ5

1　Aをボウルにふるい入れ、混ぜ合わせる。
2　別のボウルにBを入れ、マッシャーなどでよくつぶしてから、とろとろになるまで撹拌したあと、レーズンを加える。
3　Aのボウルにbを加え、さっくりと混ぜ、米油(分量外)を塗ったマフィン型に流し入れる。
4　190℃にあたためたオーブンで25分ほど焼く。

＊オーブンの特性に合わせて、温度、焼き時間を調整してください。

さっくりした仕上がりのクッキー。子どもと一緒に型抜きを楽しんで！

① 米粉クッキー

【材料】

A
　中力粉…150g
　米粉…50g
　塩…ひとつまみ
米油…大さじ5
メープルシロップ(または
アガヴェシロップ)
　…大さじ5

1　Aをボウルにふるい入れ、混ぜ合わせる。
2　米油を加え、よく混ぜ合わせたあと、メープルシロップを加える。全体にいきわたるように混ぜ、生地をまとめる。
3　台に打ち粉(分量外)をし、生地を7〜8mmに伸ばし、型で抜く。
4　170℃にあたためたオーブンで、薄く焼き色がつくまで20分ほど焼く。

＊雨粒の型は、不要なクリアファイルを使った手作り。ファイルを数センチの高さで切り、好みの型に整えて、テープで固定します。

我が家の定番おやつ

① 小魚ナッツ

ぽりぽりとおいしい、止まらない味。お父さんのおつまみにも

【材料】
小魚…50g
カシューナッツ…50g
A
┃ メープルシロップ
┃ （またはアガヴェ
┃ シロップ）…大さじ2
┃ 醤油…大さじ1
┃ 米油…大さじ1

1　小魚、カシューナッツは、それぞれフライパンで弱火で乾煎りし、一度取り出す。
2　フライパンにAを入れて火にかけ、ふつふつとしてきたら、1を加え、焦げつかないよう注意しながら、からめる。
3　バットに2を移し、広げて冷ます。

お正月のお供え餅や残ったお餅を乾かして、揚げ餅に

① 揚げ餅

【材料】
お餅、米油、醤油…各適量

1　餅は数日から1週間ほど、天日干しにする。からからに乾いたら、一口大よりもひとまわり小さく砕く。
2　鍋に米油を熱し、餅を入れる。薄く色づいたら、ひっくり返す。餅が膨らみ、きつね色になったら取り出す。
3　油を切り、すぐに醤油をまわしかける。

① 寒天ゼリー

夏は凍らせて！シャリシャリした食感も楽しい

【材料】
りんごジュース
　（ストレート）…300cc
水…100cc
粉寒天…4g

1　小鍋に水と粉寒天を入れてよく溶かし、火にかける。沸騰したら2分ほど木べらでよく混ぜる。
2　ジュースを加えてよく混ぜ、火からおろす。
3　粗熱が取れたら、冷蔵庫や冷凍庫で冷やし固める。

① アイスキャンディー

混ぜて固めるだけ！自然な甘みの簡単手作りアイス

【材料】甘酒ベース
甘酒…250cc
いちご…4〜5個
【材料】豆乳バナナベース
豆乳…150cc
バナナ…1本
いちご…4〜5個

1　すべての材料をミキサーで撹拌する。
2　アイスの型に入れて、冷凍庫で凍らせる。

① ドライフルーツあんこ

ドライフルーツの甘みと酸味があんこにぴったり！

【材料】
小豆（乾燥）…1カップ
好みのドライフルーツ
　（レーズン、プルーン、
　なつめ、あんずなど）を
　刻んだもの
　　…1カップ
(好みで)メープルシロップ、
　アガヴェシロップなど

1　小豆は洗って吸水したあと、ざるに上げ、水を切る。
2　鍋に小豆、塩、水4カップ（分量外）を入れ、弱火で40〜50分ほど柔らかくなるまで煮る（または炊飯器で炊く。柔らかくなっていなければ、もう一度炊飯する）。
3　2にドライフルーツを入れ、木べらでつぶすように混ぜ合わせる。
4　甘みが足りない場合は、メープルシロップなどを加える。

子どもたちが集まったら、
みんなで楽しく食べられる
こんなメニューがおすすめ。

みんなでごはん

① ちらしずし

カラフルに仕上げて楽しいごはんに

【材料】
ごはん…お茶碗3杯分
白すりごま…大さじ1
緑色の具…小松菜の塩もみ、
　茹でさやえんどう、スナップえんどう、
　グリーンピース、ほうれん草のおひたし、
　ちんげんさいの炒め物など
赤色の具…ミニトマト、赤かぶのピクルスなど
黄色の具…はっさくの身をほぐしたもの、
　金柑のスライス、にんじんサラダなど
その他あるとおいしいもの…じゃこ、
　しらす、サケの身をほぐしたもの、
　マッシュルームなどきのこの醤油炒め、
　なめたけ、油揚げの甘醤油煮

1　ごはんは飯台などに広げ、すりごまを散らし、しゃもじですくって混ぜながら冷ます。
2　平たい大きな皿にごはんを広げ、具を並べる。

＊小さな子どもも食べられるように、酢飯にはせず、柑橘類などを具に入れ、酸味を加える。

みんなでごはん

① パエリア　　　　冷蔵庫にあるものでできるフレキシブルなパエリア

【 材料 】（パエリア鍋直径30cm程度）
米…2合
オリーブオイル…大さじ3
塩…小さじ1
アサリ、しじみ、鶏肉（一口大に切る）、
　エビなどのたんぱく質…200g程度
しめじ、えのき、マッシュルーム、
　エリンギなどのきのこ類…100g程度
玉ねぎ、トマト、にんじん、パプリカ、
　なす、ズッキーニなど野菜類…200g程度

＊火の通りやすい野菜は別に茹でるなどして、盛りつけ時に加えてください。
＊貝やエビなどは火が通ったら一度取り出してください。鶏肉の場合は取り出さず一緒に煮込んでください。

1　野菜や鶏肉は食べやすい大きさに切る。きのこはほぐすか切る。
2　フライパンやパエリア鍋を熱し、オリーブオイルをひき、アサリと玉ねぎを炒める。アサリの口が開いたら、一度取り出す。
3　米を加え、炒める。全体に油がまわったら、その他の材料を加え、さらに炒める。
4　水2カップ（分量外）を加え、蓋をして弱火にし、20分ほど蒸し煮にする。
5　米に芯が残っていなければ、アサリを戻し、火を強めて水分を飛ばす。

① サンドイッチ　　　なんでも挟んで楽しんでみよう！

みんなに
「パンに挟んだら楽しそうなものを持ってきて！」
と声をかけて、具材を持ってきてもらいます。
「パンの具材」にはあまりとらわれず、
好きなものを持ってきてもらって、
パンに合う・合わないなども楽しみながら
ワイワイ食べましょう。
子どもたちも、自分で選んで
組み合わせる楽しさに、食が進みます。

＊よく使っている材料を紹介しますが、
この他にもお好きなものをいろいろ試してみてください。

【材料】
パン…食パン、ロールパンなどいろいろ
生野菜…トマト、ミニトマト、にんじん、レタス、
　アボカド、パプリカ、赤玉ねぎ、水菜、ラディッシュなど
ローストするとおいしい野菜…なす、ズッキーニ、
　アスパラガス、じゃがいも、にんじん、玉ねぎ、かぶ、
　かぼちゃ、さつまいもなど
火を入れてマッシュするとおいしい野菜…
　じゃがいも、さつまいも、かぼちゃ、さといもなど
水分少なめの果物…
　りんご、金柑、いちご、はっさく、いちじくなど
その他…チーズ、オリーブオイル、マヨネーズ、塩など

1　材料を食べやすいように準備して、並べる。
2　各自、好みのものを挟んだり、オープンサンド（パンの上に並べる）にして楽しむ。

子そだての なかで 思うこと

chapter 3

子どもとの日々のなかで、
「食」はとても大きなテーマです。
誰だって我が子には、
元気いっぱいに成長してほしいと願うもの。
「食」を通して見えてきた、
たくさんの気づき、大切にしたいこと、
そして子どもに伝えていきたいことがあります。
これからも毎日学びながら、深めていきたいことです。

食べ物への関心を育てる

column 01

食べることは生きることそのものだと思います。口にしたものによって、健康にも不健康にもなります。夢や希望を叶えるためには、なにより健康であることが大切です。だから子どもには、ただ口に運んで食べるのではなく、食べ物に興味を持ってほしい。そして食べ物を大切にしてほしいと思っています。

息子が2歳の頃、岡山でお米や野菜を作っている蒜山耕藝(ひるぜんこうげい)さんのところで、農作業のお手伝いをさせてもらいました。息子は自分の顔よりもずっと大きい里いもの葉っぱや、土の中から出てくるコロコロした里いもにとても喜び、すすんでお手伝いをしました。採れたての野菜を食べることの楽しさ、おいしさも格別でした。息子はこの時、野菜を作っている人がいる、実際にこうして作られているということを彼なりに理解したと思います。

その次の年にも訪れ、にんじんやミニトマトの収穫をお手伝いさせてもらいました。そして蒜山から野菜を取り寄せるたびに、蒜山のお兄さんやお姉さんが作ってくれたものだねと話すことで、畑での体験を忘れないようにしてきました。

農家さんから直接届く野菜には、魅力がいっぱいです。不揃いで形がいびつなものが入っていることもあります。それらは子どもと野菜との距離をぐっと縮めてくれます。足が2本や3本に分かれたにんじんは人形のように見えたり、スーパーに並ぶ均一的な形がすべてではないことを教えてくれます。スーパーで買い物をする時にも、産地を読み上げて、誰かの手によって作られていることを話したり。これは自分への言い聞かせでもあります。

農業体験だけでなく、例えば家でなら、ベランダや庭で、簡単な野菜やハーブを育ててみるのもいい経験になると思います。もっと簡単に、大根やにんじんの根元を捨てずに水に浸して、葉っぱを育ててみても。買ってきたクレソンや小ねぎも、コップに水を入れて挿しておくだけで根を伸ばします。元気に育つ命の途中をいただいていることに、気づくきっかけになるかもしれません。

食べ物を育ててみれば、命のある食べ物をいただいているということや、育てることはいかに大変であるかということがわかります。食べ物に興味・関心を持ってもらうようにすること、そしてそれ以前に、食べ物を大切にすることを伝えていくのが大人の役割かなと思っています。

我が家の朝ごはん、夜ごはん

column 02

我が家の朝ごはんは、ご飯、お味噌汁にお漬物だけの簡単ごはんです。納豆や、おべんとうと兼用のおかずがあれば出すぐらいです。ご飯は前夜に、夜ごはんの片付けついでに炊飯器にセットしておきます。お味噌汁は、人数分ぴったりの量の水と出汁パック、乾燥わかめや油揚げ、さっと煮える量の余り野菜などで作ります。出汁がよく出る「なつのこま」というトマト、きのこ、アサリなどを具にすれば、出汁パックも不要です。朝、起きてご飯が炊けてさえいれば、食べ始めるまで10分もかかりません。

朝はトーストの方が手軽かもしれませんが、なんだかほっとしません。あったかいご飯とお味噌汁なら、不思議とほっとする気持ちになります。この感覚を息子にも伝えたくて、ご飯とお味噌汁に、そして慌てることがないようにと、簡単ごはんに落ち着きました。

夜ごはんも簡単なメニューばかり。秋から春にかけての平日の夜は、ほぼ鍋料理です。土鍋に野菜や肉、大豆製品、きのこ類、水を入れて火にかけるだけ。味付けも凝ったことはせず、土鍋に直接、塩や醤油、たまに味噌を入れるだけ。帰宅後に用意してもすぐにできる手軽さに加え、油を使わないので胃もたれしないことや、旨味たっぷりの出汁スープで体があたたまるのも、いいところです。

暑い季節になったなら、さっとできる炒め料理や、さっぱり食べられる麺に変わりますが、この季節には、切っただけで食べられるトマトやきゅうり、茹でただけで食べられる枝豆やとうもろこしという素晴らしい食材があります。これらを存分に活用すれば、やはり準備にさほどの時間はかかりません。

ごはんを毎日、毎食作るのは本当に大変なことです。料理は好きなのに、面倒だなと思うことがあります。だから、簡単に準備できるメニューを我が家の定番ということに決めました。簡単なら準備をする側もイライラしません。こちらが穏やかなら、子どもも穏やかでいられるはず、一日の始まりも終わりも心地よいはずです。

「え〜また鍋？」と言いながらも、「あ〜おいしかった！」と言って食べ終わる息子を見ると、同じメニューでも大丈夫だなと確信します。むしろそれに安心していると感じることもあります。今日のメニューをどうしようなんて悩まず、堂々と簡単な料理、そして同じメニューを出してみてはどうでしょうか？子どもたちはさほど気にせずに、楽しく平らげてくれるかもしれません。

子どものリクエスト

column 03

　3歳頃からだんだんと言葉を上手に操るようになり、内容がどうであれ、一生懸命伝えてきたことは、こちらも一生懸命聞くようにしました。そうだね、と一度受け止めることはとても大切だと思うからです。気持ちが伝わるという成功体験は、コミュニケーション能力を高めてくれるはずです。

　だからといって、子どもの言うことをすべて受け入れる必要はないと思っています。きちんと線引きして、これはできるよ、できないよと、面倒でもひとつひとつ伝えていくべきだなと思う場面が何度もありました。ただただ言うことを聞くばかりにならないように、その場しのぎに言葉を返さないように、大人がまずブレない姿勢を保たなくてはならないなと思います。急いでいるときや、自分がイライラしている時は難しいこともあるのですが、心にいつも留めていることです。

　おべんとうの中身についても、お楽しみということにして、息子が見る前にさっと包んでしまうようにしています。見せてしまうと、これいれないで、これもっといっぱいいれてというリクエストがどうしても出てくるからです。普段の食事や、外食も同様です。何が食べたい？と聞けば、当然ながら子どもの好きなものがあれこれ返ってきます。聞いておいて、大人の都合に合わない内容かもしれません。それなら今日のごはんはなんだろうね、お楽しみにね、と言うくらいにとどめておくのがいいのではと思っています。

　一方で、ごはんやおべんとうを食べたあとの感想は、しっかり聞くようにしています。おべんとうのおかずについて、お漬物がしょっぱすぎて食べられなかったとか、ブロッコリーが水っぽくていやだったとか、細かな話も引き出せます。また、カリフラワーが嫌いと言えば、どうして嫌いなのか、どんな味だったら食べられそうかといったことも、話題にしながら解決できるときもありました。

　ともあれ、食事の主導権は大人が握るようにしたいものです。子どもが駄々をこねるから、うちの子はこれしか食べないから、といった理由でメニューを決めていたら、ふりまわされるこちらも疲れてしまいます。何より、その子が新たな食材やメニューにチャレンジできる機会をみすみす逃しているかもしれません。

　幼児期は子どもの体を作る大切な時期ですから、親が食べさせたいものを無理なく自然に食べられるように、うまく導いていけたらと思います。

シュタイナー幼稚園

column 04

今通っているシュタイナー幼稚園の方針については、共感する部分がたくさんありますが、やはりなんといっても食育が素晴らしいのです。

園では毎日、卵、乳製品、砂糖を使わない、手作りのおやつが出されます小麦粉アレルギーのお子さんがいれば、米粉に替えたり、他の食材をうまく利用して、おやつが作られます。みんなと一緒に作ったり、食べたりできる喜び。子どもたちにとっても、とても楽しい時間だろうと思います。

おやつには、季節の果物やにんじんのスライスなども出ます。にんじんはかなり頻繁に出るようで、園で習慣がついた息子は生にんじんが大好きになりました。中心部分は特に甘いのだそうで、子どもたちは真ん中を残して最後に食べるのだとか。

週に一度の給食もあります。玄米と野菜ばかりの具だくさんのお味噌汁です。各家庭から野菜を持ち寄ったり、月に一度は農家さんから直接取り寄せ、子どもたちが作ります。息子に言わせると、幼稚園での玄米とお味噌汁は、おうちのよりずっとおいしい！のだそうです。みんなで作ってみんなで食べる給食です。おいしくないはずがありません。

食への感謝の気持ちを忘れないよう、食事の前に子どもたちみんなで唱える美しい言葉もあります。「大地がこれらをくださいました。太陽がこれらを実らせました。愛する太陽、愛する大地。私たちは決して忘れはいたしません。いただきます」。2歳のプレスクールから通いはじめた息子は、当初、意味もわからずに暗唱していましたが、儀式的にでも毎日言葉にすることで、「いただきます」の本来の意味を忘れない素敵な効果があると思います。年長の今になって、自分が作れないものを作ってくれた人、そして大地や太陽に感謝していただく、ということを少しずつ理解してきているようです。

大切な子どもを預ける場所ですから、これから幼稚園を選ぶという方は、家庭での教育や食育の方針に近いことや、また園から子育てや食への姿勢を学べるところがいいのではないかと思います。遊具の充実や園庭の広さ、通園バスの有無などの条件だけにとらわれず、子どもにどう育ってほしいか、何を食べてほしいか、食べさせたいかということも、大切な視点ではないかと思います。

子どもと一緒の買い物

column 05

　子どもと一緒にお買い物に行くのはなかなか大変です。駄々をこねたり、寝そべって泣いていたりする子を見かけたことはありましたが、子どもがあんなに頑固で、執拗で、話し聞かせたところで納得なんてなかなかしてくれない、ということは子どもを持つまでは知りませんでした。

　息子の場合も同様で、何度か修羅場を経験し、対策を考えました。買うものは事前に決めておくこと、そして子どもにとって魅力的なお菓子売り場をできる限り通らないようにすることです。良質なお気に入りのお菓子もありますが、添加物などをチェックしはじめるとキリがなく、これならいいけどこれはだめ、といった説明など、ほしいと叫ぶ子どもに伝わるはずもありません。

　市販のお菓子がすべてダメとは思っていませんが、人からいただく機会がたくさんあるので、それで十分です。ご近所さんやお友達から、レストランや商店街の買い物でも、子どもへのおみやげとして、お菓子をいただく場面が何かとありますよね。プレゼントは嬉しいものですし、とても大切なコミュニケーションツールですから、ありがたく頂戴しています。息子にとっても貴重なおやつなので、少しずつ大切に食べます。そういった関わりの方が大切ですから、あえて親が買い与えなくてもいいと考えています。

　さて、スーパーでグズらせないためにもっとも効果があると思うのは、子どもにも選択権を持たせることです。野菜と果物売り場の中からひとつだけ好きなものを買ってあげることにしたら、息子はいちごやミニトマトを選びました。欲をいえば旬のものがいいので、これは今が旬だからきっとおいしいよとか、本当はまだ旬じゃないけど今日だけ特別にね、などといった話もしながら買うようにしました。

　息子はそのうちに、野菜売り場以外でも買っていいかと聞くようになり、好物のこんにゃくや高野豆腐を選んだり、魚売り場でアサリやブリなども選ぶようになりました。そうなってくれればこっちのものです。お菓子を買わずとも、楽しくお買い物を終えられるようになりました。

　自分も選ぶことができ、それを買うことができるというのは、とても楽しいもの。そしてお店にはどんなものが売られているのかを、一緒に体験、発見することも買い物の楽しさかもしれませんね。

○ 食事で体は変わる

column 06

音楽の仕事は時間がとても不規則で、かつては夜中に帰ってくるのが当たり前の生活でした。そして深夜に唐揚げ定食を食べたり、コンビニでジャンクフードとお酒を買っておなかを満たしたりしていました。朝方に就寝、昼頃に起床、完全に昼夜逆転の生活です。

これでは体が整うはずもなく、体はいつも芯から冷えていました。そのせいか、長く待ち望んでいましたが、私はなかなか子どもを授かることができませんでした。40代がすぐそこまでやってきて、いよいよ焦り、生活そのものを改善することにしました。運動をはじめ、併せて食事を見直すことにしたのです。ハーブや薬膳の本を読み漁り、普段の食事に活用していくことに。体をあたためる食材を意識して取り入れ、体を冷やす一番の大敵、砂糖や化学調味料、添加物をとらない努力をしました。やがて冷えは解消し、体はいつもポカポカな状態に。そしてようやく息子がやってきたのです。

その後も食事には気をつけているつもりでしたが、息子が5ヶ月の頃、全身に湿疹が広がるようになってしまいました。小児科では保湿が足りないと言われ、全身にクリームを塗り続けましたが一向によくなりません。不安になって、アレルギー専門の病院に行ったところ、アトピーの症状と診断されました。「これはアトピーで間違いないです。お母さんの母乳が悪いからです。母乳をやめてアレルギー対応のミルクに替えてください。薬を顔用、体用と分けて塗ってください」。処方された薬の量を見て、さらに驚愕しました。その時の息子の体の大きさとほぼ同じ大きさの、大量のステロイドのクリームだったからです。この量を塗るなんて、そして母乳もやめなければならないなんて……。あまりにも辛い宣告でした。

泣くだけ泣いて、落ち着いてからもう一度よく考えてみました。母乳が悪いなら、母乳の質を良くすればいいのでは？ 母乳をやめたくない一心で、なるべく薬を処方しない方針という先生をお友達に紹介してもらい、別の小児科を訪ねました。

その先生は、とても興味深いお話をしてくれました。「アトピーというのは現代の病気。あなたのおばあさんたちの時代は何を食べていたのか、考えてみてください。肉や魚なんてまれで、ご飯、お味噌汁、お新香ぐらいじゃなかったのかな。卵も毎日は食べてなかっただろうし、調味料は手作りで質の良いものだったでしょうね。たくさんのおかずは並んでいないけれど、今よりもずっと質の高い新鮮なものを食べていたということ。そういった食事は参考になるのでは？」

食事に気をつけていたつもりだったけれど、体にいいものをとろうという視点だけであって、食材ひとつひとつの質までには考えが及んでいませんでした。また、プラスすることばかりで、引き算の考えがなかったことにも気づかされました。さらに先生は息子の湿疹の状態を見て、アトピーかもしれないけれど改善する余地は十分にあると、希望の言葉を

くれました。こうなったらとことん質の良い母乳を作ろう。とびきりおいしい母乳を目指そう。そうすればきっと治ると自分に言い聞かせ、私はさらなる食事の見直しにチャレンジすることにしたのです。

おいしい母乳のために

column 07

　小児科の先生にいただいた昔ながらの食事のヒントに加え、桶谷式の母乳外来でも、質の良いおいしい母乳を作るためのアドバイスをいただきました。さらに、息子がアレルギーならば何かの食材に反応しているはずだと思い、アレルギーが起きやすい食材である、卵、乳、小麦、そば、大豆（発酵食品をのぞく）、ナッツ類を一度やめてみることにしました。また、母乳の質がより良くなればと思い、肉や小魚をのぞく魚介類、りんごをのぞく果物も控えることに。専門家からのアドバイスをいただきましたが自己判断でしたので、効果が見えなければ短期間でやめればいいと、ひとまずトライしてみることにしました。

　ご飯にお味噌汁、菜っ葉のおひたしやお新香が毎日の食事。おやつは焼きいも。息子はその時、母乳しか飲んでいなかったので、効果はすぐに現れました。食事の改善を始めて数日で、明らかに湿疹が減ってきたのです。そして2週間を過ぎた頃には、全身を覆っていた湿疹がほとんどなくなってしまいました。

　湿疹が減っていくごとに、息子のグズグズも少なくなったような気がします。私の心が安定していったから、息子もおだやかになっていったのかもしれません。その後、期間をかけてひとつずつアレルギー食材を食べるようにしていき、何に反応しているのかを突き止めることもできました。なんてストイックな！と思われるかもしれませんが、息子だけでなく、私の体調もとても良くなったので、楽しい取り組みでした。

　湿疹も治り、すっかり気持ちがラクになった頃、息子とお風呂に入りながら、ふと母乳の味見をしたくなりました。食事の改善をする前に、興味本位で自分の母乳を飲んでみたことがあったのですが、ちょっと生臭さがあり、さしておいしくないのだなという印象がありました。さて、質素な食事を続けたあとの母乳の味は……？ おいしい！ おいしすぎる！ なんだこれは〜！とお風呂の中で、叫ぶ自分がいました。おいしいおっぱいは、生臭さなどはまったくなく、さらりとした甘さで、ほのかに出汁を感じる味でした。

　息子が成長し、食べるようになった今にも続く話なのですが、このあっさりとした甘さやほのかな出汁というのは、とても大切なポイントだと思います。

我が家の離乳食

column 08

　最近は離乳食を早めにスタートする傾向があるようですが、焦ってはじめるのはやめようと思いました。息子がアレルギー体質であったからということもありますが、食事とは楽しいものだから、無理に食べさせないことのほうが大切なのではと思っていたからです。そして息子が8ヶ月になろうとする頃、私たちが食事をするたびに、ヨダレをダラダラと垂らして食卓に近づいてくるようになりました。食べたいという明らかな意思表示と思い、離乳食をスタートすることにしました。

　まずはおかゆからはじめましたが、あまり反応がよくありません。ちょうど冬の終わりで、私の大好きなさつまいもがまだ手に入る時期だったので、次にさつまいもをあげてみることに。私のおやつ用に焼いておいた焼きいもをつぶし、水を加えてやわらかくして与えてみると、とてもおいしそうに食べました。

　それから1ヶ月ほどはさつまいもだけ。私のおやつも兼ねていたので、せっかくだからと全国から様々な品種を取り寄せ、私も楽しみつつ、いろいろなさつまいもを食べさせてみました。すると大きな発見があったのです。息子は当初、どれもおいしそうに食べていたのですが、いろいろ試すうちに、喜んで食べる品種と少ししか食べない品種が出てきました。味の違いを感じ、選ぶようになったのです。

　息子が一番好んで食べたのは、黄金千貫という品種でした。これは芋焼酎に使われるさつまいもで、甘さはさほどありません。いろいろ取り寄せたさつまいもの中でももっとも甘さがない、素朴そのものといった味です。次に喜んだのは、金沢特産の五郎島金時、そして鳴門金時です。甘さが人気の安納芋は最初は食べていたものの、だんだんと嫌がるようになりました。

　息子がどうして黄金千貫を好むのか、自分でもよくよく味わってみて、わかったことがありました。それは黄金千貫が一番、母乳の味に近いということ。素朴な味の黄金千貫は、母乳のさらりとした甘さにとてもよく似ていたのです。安納芋のような甘さでは、甘すぎたのだと思います。

　もしかしたら、生まれてからずっと命をつないできた母乳に、一番近い味を探していたのかも。勝手にそう解釈した時、おいしい母乳を作るための努力を認めてもらえた気がして、胸がいっぱいになりました。

　赤ちゃんの舌は、まっさらでとても敏感です。味の濃いものや甘すぎるものは、まだ必要としていない時期なのですね。初めての食事は赤ちゃんの顔を見つつ、よくよく観察しながら与えていくと、いろいろな発見があるのではないかと思います。

大切なうんちの話

column 09

　初めて息子がおまるにうんちをした日を、鮮明に覚えています。おまるでうんちをすることが怖かったようで、何度も立ち上がろうとしながらもどうにか座り続け、出しきったあと、無事にうんちを確認してから誇らしげな表情になりました。おまるの横で撮った記念写真には、満足しきった笑顔が写っています。

　その日から、形についての感想を伝えることにしました。バナナみたいな形のうんちは、とってもいいうんち。ごはんやお野菜をいいバランスで食べられたんだね。こういううんちはお尻に残らないから、ラッキーうんちなのよ。ほら、拭いても何にもつかないでしょ？というふうに。べちゃべちゃうんちのときは、あれ〜、なんだか今日はべちゃべちゃだね。お尻にもまだまだいっぱいうんちがついているから、拭くのが大変だね。昨日は何を食べたっけ？お肉を食べすぎたかもしれないね、などと話してきました。

　毎回伝えることで、息子はどんなうんちがいいのかということを学び、同時に私は息子のおなかの調子を確認することができます。前日に食べたものに思いを巡らせ、息子にとって何が消化しにくいのかを推測する、大切な機会でもあります。肉などの動物性たんぱく質を多くとった翌日は、見事にべちゃべちゃになることをこの目で何度も確認しました。

　べちゃべちゃうんちでも体調が激しく悪くなるわけではないので、さほど気にしなくてもいいのかもしれません。しかし、幼稚園生活などがはじまったら、できるだけスムーズな排泄が本人にとっても望ましい。べちゃべちゃうんちだと、何回拭いてもうんちがついてくる！ということを息子が理解してからは、明日大変になっちゃうからお肉は少しにしておこうね、などといった話を聞いてくれるようになりました。

　6歳になった今は自分でお尻を拭けるようになりましたが、家でうんちをした時は、今も必ず私を大声で呼びます。ちゃんと拭けているかの確認と、形を確認するためです。お〜！いいうんちだね。お尻にも全然ついてないね。やっぱりいいうんちは最高だね。そんな話をしながら、いいうんちを二人で見送ります。

　ちなみにその後、父親が在宅していれば、息子は報告しに走ります。い〜うんち出たよ〜！と。いいうんちが出るのは、とっても素敵なこと。そういう共通認識が家庭にあれば、きっといいうんちのための食事にもつながるのではないかと思います。

体をサポートしてくれる、お守り食材

column **10**

息子は2歳を過ぎた頃に喘息を発症しました。体力がつくとともに少しずつ良くなってきてはいますが、まだまだ気は抜けません。食事でも、息子の体調をできるだけサポートするようにと心がけています。

息子の場合は、気温が下がっていく秋が苦手です。朝晩の寒暖の差が激しくなり、吸い込んだ空気が冷たいなと感じたら、気をつけるべき季節がやってきたサインです。その頃になると、喉に良いとされるれんこんが出始めます。野菜とは、本当によくできているなと思います。そろそろ食べさせたいなと思う時に、ちゃんと旬が巡ってくるのです。今年の秋も乗り越えられるだろうかと不安になるときに、れんこんが山積みにされるのですから、一緒にがんばろうよと応援してもらっているような気持ちになります。

ほかにも、ネバネバが粘膜を保護するといわれる里いもも、おいしい時期になります。体をあたためる根菜類やねぎも豊富になります。必要な野菜が手に入りやすいのは本当に心強いです。おまじないをかけるつもりで、日々の食卓やおべんとうに取り入れています。

通年取り入れやすい食材は、調子の良いときも忘れずにとるようにしています。喉のトラブルに良いとされる大根、金柑、柚子などは、はちみつ漬けに。子どもが苦手な生姜やねぎといった薬味は、すりおろしたり、刻んだものを醤油や米油に漬けて常備。私達が好んで使っていたら、息子も真似して使うようになりました。肺をきれいにする効果があるという黒豆はごはんに炊き込むほうが、煮豆にするよりも食べやすいようです。

喘息のためだけではありませんが、味噌や醤油の発酵食品を味付けのベースにすることで腸内環境が良くなるように、多くの種類の野菜を取ることでビタミン、ミネラルを網羅できればと考えています。また、えのきやしめじを多く使うのは、出汁のおいしさもありますが、食物繊維を無理なくとれるようにとの思いもあります。

これらはみんな、お守りのような存在です。食材の効能は、はっきりとわかる劇的な効果があるわけではありませんが、ゆっくり、じんわりと効き、体をサポートしてくれているはずです。これからも頼りにしていきたいと思います。

食卓からつなげていきたいこと

column 11

　楽しく食べることを心がけています。といっても最低限のマナーは教えたいので、いつも和やかにというわけにはいきませんが、それでも食卓は、和気あいあいとした雰囲気になるようにしています。

　我が家にはテレビがありません。DVDを見ることはありますが、ダイニングとは別の部屋にあるので、何かを観たりしながら食べることはありません。他に音がない状況なら、それだけで話に花が咲きます。シーンとした中で食べるのはなんだかさみしいものなので、誰かしら、話を始めるからです。たいした話題でなくても、誰かとおしゃべりをしながら食べるだけで、楽しい時間になります。

　その時に食卓に上った食材の話もします。キャベツは今が旬だからとっても甘いねとか、最近、風邪気味だからしょうがをたくさんとっておこうね、などという話です。私の母もそんな話をよくしてくれました。こんにゃくはおなかをお掃除してくれるんだよのフレーズは、耳にタコができるほど聞きましたが、決して嫌な思い出ではありません。それよりも大人になって、こんにゃくの食物繊維が腸を掃除し、宿便をとることにつながるといった記事を何かで読んだとき、なるほど母が言っていた通りだと嬉しくなったものでした。

　私も同じように、息子に覚えておいてほしいことは、気づいたら話しておくようにしています。頭の片隅に残っていれば、いつか大人になった時に役に立つと思うからです。思春期の頃になれば、どうせ親の言うことなど聞く耳を持たず、好きなものをこっそり買って食べるだろうと思います（私自身がそうでしたから）。それはそれで、誰もが通る道なのだと思います。それよりももっと大人になった頃、例えば不摂生がたたって体の不調に向き合うときにでも、私の言葉を思い出してくれればと思います。ふとした言葉が、いつか役に立つかもしれません。

　小さな時に作られた味覚は、一生ものだと思っています。途中、横道に逸れたとしても、きっと小さな頃に食べた味を懐かしく思い、戻ってくる時期がくると思います。息子が小さい今は、いずれ大人になった時のための下地作りです。子ども時代の好きな味が、シンプルな和食や出汁の風味になれば、息子の残りの人生は安泰だと思っています。

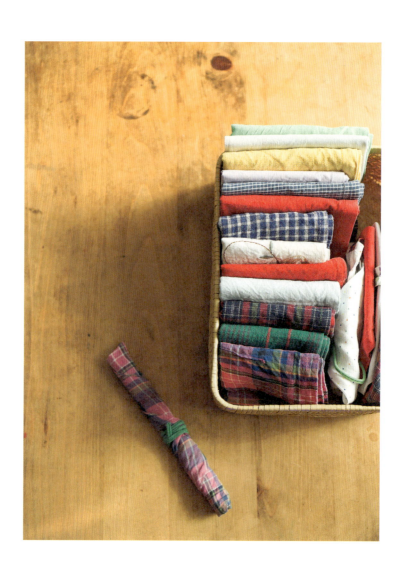

おわりに

2歳児のプレスクールから、
もう4年近くもおべんとうを作り続けてきたというのに、
私の朝はいっこうにスムーズにならず、
バタバタとした時間が過ぎていきます。

思い返せば笑い話になることも、
時間のない朝には笑えないことばかり。

朝寝坊してしまうのは日常茶飯事、
炊飯器の予約スイッチを押し忘れていたり、
ようやく詰めたおべんとうを片手につまずいてしまったり。

時計を見て、炊飯器の蓋をあけ、
床に飛び散るおかずを目にして、
何度、青ざめたことか。

それでもなんとか送り出し、
「きょうのおべんとう、おいしすぎたー！」と
空っぽのおべんとう箱を返してくれる息子に何度も救われ、
どうにかこうにか続けることができました。

息子は春から小学生。
お昼ごはんは給食になります。

学校の話をしている時に、ふいに息子が、
「学校は楽しみだけど、給食がちょっと心配。
お母さんのおべんとうを食べたいな」と言いました。

幼稚園でも、みんなと食べる給食がおいしいでしょ？
だからきっと大丈夫！と声をかけながら、
その言葉をもらっただけでも、
作ってきた甲斐があったなと思えます。

我が家のおべんとうには、
びっくりするような凄技や、
ワクワクするような華やかさなどはありませんが、
からだを作る安心の素をいっぱい詰め込んだつもりです。

今すぐに目に見える効果がなくても、
大切なお守りになっていると信じています。

この本が、
どこかで誰かが作るおべんとうのヒントになれば
こんなに嬉しいことはありません。

みなさまもどうぞ引き続き、
子そだての時間を
存分に楽しんでくださいね。

良原リエ

良原リエ　Rie Yoshihara

音楽家。アコーディオニスト、トイピアニスト、トイ楽器演奏家として、映画「ターシャ・テューダー 静かな水の物語」をはじめ、TV、CM、アニメ、webムービー、ミュージカルなどの演奏、制作に関わる。著書に『たのしい手づくり子そだて』（アノニマ・スタジオ）、『トイ楽器の本』（DU BOOKS）他。

まいにちの子そだてべんとう

2019年3月21日 初版第1刷 発行

著　者	良原リエ
発行人	前田哲次
編集人	谷口博文
	アノニマ・スタジオ
	〒111-0051
	東京都台東区蔵前 2-14-14 2F
	TEL 03-6699-1064
	FAX 03-6699-1070
発　行	KTC中央出版
	〒111-0051
	東京都台東区蔵前 2-14-14 2F
印刷・製本	株式会社文化カラー印刷

デザイン....葉田いづみ
イラスト....あずみ虫
撮　影.......砂原 文
　　　　　　P2, 12, 52, 79-81（マフィン）, 84-86, 88, 100, 102
　　　.......良原リエ
モデル.......Oka, Tamaki, Ari, Aoi, Shinpei, Sui & Fuki
編　集.......浅井文子（アノニマ・スタジオ）

内容に関するお問い合わせ、ご注文などはすべて左記アノニマ・スタジオまでお願いいたします。乱丁本、落丁本はお取り替えいたします。本書の内容を無断で複製、複写、放送、データ配信などをすることは、かたくお断りいたします。定価はカバーに表示してあります。

©2019 Rie Yoshihara, Printed in Japan
ISBN 978-4-87758-793-2 C2077

アノニマ・スタジオは、
風や光のささやきに耳をすまし、
暮らしの中の小さな発見を大切にひろい集め、
日々ささやかなよろこびを見つける人と一緒に
本を作ってゆくスタジオです。
遠くに住む友人から届いた手紙のように、
何度も手にとって読みかえしたくなる本、
その本があるだけで、
自分の部屋があたたかく輝いて思えるような本を。